珠海

珠海 · 遇见你

Nice To Meet You!

五洲传播出版社

MULTIFACETED
ZHUHAI
珠海

序

庆幸这一生中没有错过珠海。

可以向大海出发，也可以问路蓝天；可以将创想变成现实，也可以用勤奋换来收获；可以演练世界的图阵，也可以独立冥想思索；有好胜的青春，也有横刀立马的过往；有历史的跫音，也有现代都市的一切元素……这是珠海，不是卡尔维诺的杜撰。

珠江的淡水和南中国海的咸水在这里交流，孕育出一个丰饶角；这里是季风的交汇，风调雨顺；这里是中西文化的交融，货物流转、思想融通；这里是时代的交接点，从特区到湾区，每一个时代节点中都有珠海的声音。

珠江在这里入海，是真正的“面朝大海，春暖花开”。海是珠海的魂，是这座城市的底色。南海龙王的女儿也曾流连在这里，不肯返回仙界，留下一场爱的故事。

唐代，北面的凤凰山盛产“异花神仙茶”，从香山崖到现在的香炉湾，漫山遍野山花烂漫，得名“香山镇”。如今的凤凰山，芬芳葱郁不减当年。树木森森，蝶舞鹭飞，山涧蜿蜒入海。浩渺伶仃洋，猎猎涛声，星星渔火，都在家门口。

咸湿的海味和浓郁的植物合成了这座城市独有的亚热带气息。896公里的绿道是“生态珠海”的“绿色名片”，把摩登的天际线和城市各处的田园和海岛连成一个可相互通达、风情万种的网格。在这张近乎完美的休闲度假地图上，各个独具特色的“驿站”是欣赏这一片流动的风景的节点。绵延数千米的海岸线上，是一派“巴塞罗那”风情。

即便是冬天最冷的日子，也如北方的初秋。当然，这一年到头的凉爽也并非没有代价——漫长的夏季和总是令人措手不及的雷雨。然而不管怎样，一个走出家门，穿过老街小巷，迎面就是汩汩海风的城市，是一个可以留下来的地方。

情侣路是珠海最大的生活秀场。东望大海，绵延的港珠澳大桥连接起粤港澳，也连接出一带一路的重要支点。这一次，时代的机遇又在珠江西岸相汇，一个世界级的湾区经济体将在大桥的串连下快速成长。

在“特区”和“改革开放”的历史际遇中，珠海拥抱的不只是经济的变革，更是一条生态之路。1998年，珠海获评由联合国人类居住中心颁发的“改善人居环境最佳范例奖”。珠海还获得过“国家森林城市”“生态园林城市”“国家生态文明建设示范市”等生态建设荣誉。

在这座城市里，“宜居”已经是常态。创造与改造，除旧与立新，都如同这里的山海一般默契。珠海的“宜居”，是在有机的轨道上的无限延展。对多元文化的包容、对自然的敬意、对过往的珍惜，赋予“宜居”两字不息的血肉和灵魂。

一座把最美的风景交给最美的事业的城市，一定有最美的生活和最美的未来，而未来，是生命的方向。

珠海，在新的历史交汇点上，再次出发。

珠海
珠海一遇见你
Nice To Meet You!

一九八〇年，中国刚刚踏上改革开放道路，在时任广东省委第一书记习仲勋同志的建议下，中国改革开放和现代化建设的总设计师邓小平同志亲自决定在珠海、深圳、汕头等地创办第一批经济特区。从此，珠海在一张白纸上尝试着中国人压抑多年的发展之梦。从一条小马路、一盏红绿灯的边陲小镇到一座璀璨的现代化海滨城市，近四十年的砥砺前行成就了珠海的光荣与梦想。

敢闯敢试、敢为人先的『特区魂』成为中国改革开放的海上灯塔和发展探索的『过河之石』。二〇二〇年，珠海将迎来特区四十年，『特区魂』依然引领着珠海走向再创辉煌之路，新珠海新经济新生活正扑面而来。

遇见未来

珠海历经了从一片处女地到一座荣耀之城的快速发展，四十年后的珠海迎来新的机遇。在新的起点上，珠海特区将迈入“二次创业”的新时期。

珠海，特区的光荣与梦想

〇

近四十年特区之路——从边陲小镇成长为中国最具成长性的城市之一——正着力打造粤港澳大湾区重要门户枢纽、珠江口西岸核心城市、沿海经济带高质量发展典范

假设能从珠海星上看珠海，这座城市像一架隐形战机的双翼，左翼是金湾、斗门，右翼是香洲、横琴，双翼之间是西江和西江的无数支流分割出的一块块湿润土地。

这一座生来就带着双翼的城市，已历经近四十年的特区建设，正发出再次腾飞的信号，向着北方、向着世界舞台轰然而去。

中国有一个“珠海”，银河太阳系也有一个“珠海”。

1990 年，一颗国际编号为 2903 的小行星被命名为“珠海星”，这是南京紫金山天文台第一次用一座中国城市的名字命名一颗小行星。所不同的是，银河里的“珠海”跑得比地球快，珠海星上的一年等于地球的四年，从宇宙的时空观看，在珠海星上是可以遇见未来的。

珠海和珠海星一样，是一个有速度和激情的地方。

珠海和珠海星一样，是一个早已存在于天地之间却被重新认识的名字。

从中国改革开放的倡导者邓小平提出的“摸石头过河”理论出发，珠海就是中国改革开放大河中的一块石头。1984 年，距离经济特区成立只三年多时间，小平同志选择在这一年亲眼审视自己设计的经济特区。富有意味的是，在特区考察的日子里，邓小平每每在散步休息时，拒绝当地安排的原路返回路线，“我不走回头路”，他意味深长地说。

1 月 29 日，邓小平在巡视深圳、中山和珠海的整体情况后，回到珠海宾馆的翠城餐厅，伏案挥毫，写下了“珠海经济特区好”，从此奠定珠三角的改革大局，催生了特区经济的第一轮发展高潮，这也是珠海经济特区真正的起步之年 —— 完成全新的城区规划；确立工业立市、农渔旅游同步的发展层次；加大基础设施建设。有了主心骨的珠海人，迸发出了超凡能量。短短几年，大城市、大港口、大工业、大经济的转型升级全面铺开，珠海走上了突飞猛进的快车道。

90年代初，小平同志再一次莅临珠海。他欣慰于珠海八年来的日新月异，并强调在坚持社会主义的基础上发展市场经济。珠海再次发力，1992年，设市短短13年的珠海进入中国城市综合实力50强，人均国内生产总值位居全国城市第二，人均国民收入位居全国城市第三，社会劳动生产率高居全国第二，初步显示出高速、高效、低耗、和谐的发展态势。

在很多老珠海人眼里，珠海不是长大，而是出生。如今，在曾经“只有一条路、一

1979年，一家香港电视台出了一条谜语：“只有一盏交通灯、一条路和一个警察的内地城市是哪里？”当时符合这个谜面的内陆城市大概不少，但香港人的回答是：珠海。

很多年前，人们只知“香山”，不知“珠海”——一个在珠江口淡咸水交界处的边陲小镇，湿地、河港纵横，海岛和滩涂上鱼虾肥美，但并非适宜久居之地。直到1980年，中国改革开放的春风将“经济特区”赋予了珠海。

个红绿灯”的海涂边，情侣路向南北延伸，凤凰路成为香洲区主干道。连接拱北口岸的迎宾大道穿过板樟山，这条路曾让珠海人骄傲了好一阵。后来又有了景山路、九洲大道、海滨路，有了沙滩和渔女。前山大桥让城市扩大到了郊区，珠海大桥连接起空港，也让斗门、金湾成为城市的有机组成部分。

《七子之歌》响起时，隔着一条街的澳门回归祖国怀抱。第一批带着特区梦来到珠海创业的人，他们的孩子已经长大，周末带着全家，开车跨过淇澳大桥就可以在淇澳岛消磨一天。唐家湾的大学城起来了，高新区也日益成长。再后来，跨海大桥的消息传来，第一个桥墩浮出海面，再后来，横琴的高楼也封顶了……

改革开放 40 年之际，珠海又迎来新一轮黄金发展机遇期：港珠澳大桥的开通，实现了港、珠、澳“一小时交通圈”。粤港澳大湾区、中国（广东）自由贸易试验区珠海横琴新区片区、珠三角国家自主创新示范区等一系列优势平台让珠海成为珠三角发展势头较好的区域之一。区位交通、创新发展、营商环境等方面的优势日益凸显，珠海进入中国的二线城市方阵，从此在新的高度上运行。

2020 年将是珠海设立经济特区 40 周年。近四十年来，全世界都见证了这个城市巨大的变化和潜能。在清华大学和世界著名管理咨询公司麦肯锡公司共同合作创建的中国城市可持续发展指数（UCI2016）中，珠海位列第四，这项从 2010 年开始的城市中国计划 (USI) 中，珠海始终处在前列。在由中国国际经济交流中心、美国哥伦比亚大学地球研究院、阿里研究院等机构共同发布的《中国可持续发展评价报告 2018 年》中，珠海位列第一。

2018 年 10 月，习近平主席再次来到珠海。在考察了横琴粤澳合作中医药科技产业园、格力电器，参加港珠澳大桥开通仪式后，他巡览了大桥。可以清晰地看到，粤港澳大湾区已经进入快速发展阶段，横琴自贸片区已经崭露头角。时代的机遇和特区近四十年的奋斗精神，正引领珠海进入新的发展历史时期，人们期待着一个新珠海再次亮相世界舞台。

01　珠海和澳门紧密相依，互为风景，始终同框出现在人们面前。

02　九洲城前的石狮见证着城市的变化和发展。

一座大桥成就大湾区

借力大桥与未来相遇——

粤港澳大湾区舞台上的聚焦点——

北承中国广阔腹地，外接港澳多元端口

中国的珠江流域几乎覆盖了南中国沿海最富庶的城市，但历史为何选择这一片特殊的出海口，把珠江的“珠”字冠给了它，又用“海”做了后缀？答案就在今天粤港澳大湾区的宏大规划中。

近年来，“湾区经济”的概念成为了热点。以纽约、旧金山和东京三大湾区为代表，以沿海城市集群为地域特点，以高新技术和资本为支撑的湾区经济已占全球经济总量的 60%。作为一种滨海经济形态，湾区经济已经成为当今世界经济版图中最大的亮点。今天，中国的湾区在快速成长。2019 年 2 月，《粤港澳大湾区发展规划纲要》对外发布，规划确立了大湾区在国家发展大局中的重要战略地位。粤港澳大湾区是中国最有活力的湾区之一，珠海将抢抓大湾区建设机遇，奋力打造粤港澳大湾区重要门户枢纽、珠江口西岸核心城市和沿海经济带高质量发展典范。

从地理概念上说，湾区通常指由一个海湾或若干个相连的海湾及邻近岛屿组成的区域。湾区经济有其系统性成因，港口、城市群、产业群、大学、高新技术和资本的聚合等因素之外，飞跨海湾的大桥是湾区特别醒目的一环。纽约的布鲁克林大桥、韦拉扎诺海峡大桥，旧金山的金门大桥，奥克兰的海湾大桥，东京的彩虹大桥、京门大桥和东京湾跨海大桥……这些经典的建筑不仅仅是城市地标，更支撑起了所在湾区的经济血脉。也正是这些大桥，见证了美国和日本陆续成为世界第一和第二大经济体的奇迹。

如今的中国已成为世界第二大经济体，人们在问：中国的湾区在哪里?

在港珠澳跨海大桥建成之际，中国的湾区毫无悬念地指向了粤港澳。2017 年，中央正式提出了粤港澳大湾区规划，2019 年 2 月《粤港澳大湾区发展规划纲要》对外发布。因为这条“海上巨龙”的全面贯通，比肩世界三大湾区的中国湾区呼之欲出。

这一次，珠海成为了世界湾区舞台上的聚光点。

2018 年 10 月，港珠澳大桥正式通车，从今以后，困扰珠三角东西岸交流的屏障被打破，珠江口除了早已不堪重负的虎门大桥外，终于有了第二条东西大动脉，港珠澳大桥有效构筑了粤港澳大湾区的交通网络。

对珠海而言，大桥的建成也赐予了这一颗珠江西岸的明珠绝好的发展机遇。大桥的贯通，让珠海不仅成了唯一与中国两个特别行政区（香港、澳门）陆桥连通的城市，也将造就一个资源配置和聚集以及转移辐射动能的枢纽。香港的经济能量将更加顺畅地向珠江西岸外溢，珠海、粤西乃至整个西南经济将在这里与世界经济对接。现代经济的关键在于资源的流动以及因流动而产生的活力和动力，从这个意义上说，珠海已是天时地利人和。

这条起伏的天际线，也成了世界级的“超级工程”。日出日落、帆影点点，往来船只穿行桥下，港珠澳三地的飞机不停地掠过。但这绝不仅仅是一场建筑奇迹，更预示着一次和未来相遇的新起点。

港珠澳大桥无限美好的画框里，是这座城市无限美好的未来。

01 珠海城市动线

珠江是中国众多河流中出海口最多的河流，河流与湿地把土地分割成一片片岛状陆地。从地图上看，珠海像一架隐形战机的双翼，双翼之间是西江和众多的支流分割出的一块块湿地。和其它城市相比，珠海的交通面临更多的天然阻隔。

城市的桥梁建设，为珠海打开了向西发展的瓶颈。珠海大桥南边的洪鹤大桥将连接起港珠澳大桥和珠三角环线高速，向西直达高栏港和珠海空港；北边有斗门大桥和西部沿海高速，若加上目前在建的香海大桥和金海大桥，珠海的“双翼”将完全融合，这架战机的力量将成倍升级。

与高速公路相对应，铁路在珠海交通大格局中扮演重要角色：西线的广珠铁路主要承载高栏港货运物流。中线的广江珠澳高铁，将贯通珠江西岸的主要城市群。东线已经建成的广珠城际轻轨，将从拱北向西延伸，通过横琴再连通金湾机场，最后与中线的广佛江珠轻轨衔接。形成珠江西岸的环线轨道交通网。

02 港珠澳大桥

港珠澳大桥是连接香港、珠海、澳门的超大型跨海通道，也是目前世界最长的跨海大桥，全长 55 公里，其中主体工程“海中桥隧”长 35.578 公里，海底隧道长约 6.75 公里。

2009 年 12 月 15 日正式开工，2017 年 7 月 7 日大桥主体工程贯通。2018 年元旦前夜，大桥主体工程全线亮灯；2018 年 3 月 15 日，港珠澳大桥澳门口岸管理区获批准正式交付澳门特别行政区使用。2018 年 10 月 24 号大桥正式通车。

港珠澳大桥西起香港国际机场附近的香港口岸人工岛，向西跨过伶仃洋到达珠海和澳门口岸的人工岛，最后接入京港澳高速公路（G4）、京珠高速、西部沿海高速、江珠高速等，从而贯通整个珠三角西岸乃至泛珠三角区域。

01 02

一带一路，珠海已经出发

推开世界大门的勇气 \
独特的地理优势 \
中以、中拉合作开启珠海“一带一路”新旅程

01

02

继2017年中国—拉美国际博览会之后，中国—拉美企业家高峰会暨2018中国—拉美贸易投资展览会也在珠海横琴举办。拉美国家是极富潜力的经济合作区域，博览会期间，以经贸合作为核心，以科技和农业合作为支撑，中国和拉美国家的政府机构和企业家们围绕商品贸易、服务贸易、技术合作、投资金融、旅游合作等达成多项合作协议。

2018年，海上丝绸之路沿线国家的媒体们再度聚集在珠海国际会议中心，在以“新时代、新丝路、新形象”为主题的“21世纪海上丝绸之路”国际传播论坛上，用媒体的力量聚焦、放大“一带一路”国际合作的前景。

2018年7月，来自中国和以色列的2400多家企业的5800名人员又一次在这座南中国滨海之城相聚，用思想彼此撞击、用真诚相互交流，共同关注科技、创新和投资，抒发国家间合作的愿景。由中国和以色列两国政府和企业共同发起的中以科技创新投资大会自2017年开始已经连续在珠海举办两届，空前盛况在全世界引起强烈反响。

在很多城市还在为“一带一路”寻找抓手时，珠海已稳稳迈出了自己的步伐。中以和中拉有着共同的海洋元素，建立稳固的海上丝路文化经贸合作交流渠道，不仅是珠海的未来增长点，也将让整个粤港澳大湾区受益。

03

01/03 第十二届中国—拉美企业家高峰会上，以经贸合作为核心，以科技和农业合作为支撑，中国和拉美国家的政府机构、企业家们达成多项合作协议。

02/04 由中国和以色列两国政府和企业共同发起的中以科技创新投资大会自2017年开始已经连续在珠海举办两届。

04

高栏港 & 高栏港经济区

高栏港口岸是国家一类对外开放口岸，拥有珠江三角洲最大吨位的液体化工品码头泊位和建设 30 万吨级石化大码头的良好自然条件，主航道距国际航道（大西水道）-27 米等深线仅 11 公里，并可通过粤西沿海高速公路、高栏港高速、广珠铁路等组成的港口集疏运体系与珠三角地区形成二小时经济圈。

依托高栏港的珠海经济技术开发区（高栏港经济区）是海洋工程国家新型工业化示范基地和全国深海海洋工程装备产业知名品牌创建示范区，也是珠江西岸首个国家级经济技术开发区。围绕国家“一带一路”倡议和南海油气资源开发、省部共建珠江西岸先进装备制造产业带战略，开发区以先进装备制造、清洁能源、高端精细化工及新材料、港口物流产业体系为重点，着力拓展新能源、新材料、新一代信息技术和智能制造等战略性新兴产业，构建现代化产业体系。

珠海有着悠久和扎实的“一带一路”海外交流合作基因。从明末开始，珠澳不仅是中西文化交流的唯一门户，而且是中西文化走廊的起点，“澳门开埠”比“五口通商”早了将近三百年。在内地还处于传统礼教的禁锢之时，珠海的对外贸易已是风声水起。珠海也是中国最早盛行海外留学的地方，珠海人容闳不仅自己踏入耶鲁，回国后更是筹办江南制造局，带领更多的中国孩子赴美留学，他自己就是一个成功的对外贸易商人。

珠海又恰好处在“一带一路”最佳地理节点，随着粤港澳大湾区战略实施和港珠澳大桥的正式开通，珠海的地理优势突显。借与港、澳陆桥相连之便，珠海在港口、金融、现代服务、科研等方面与港澳的交流日益深化，实现了多重资源的优化配置。高栏港，横琴自贸片区的创新，让珠海能有效参与海上丝绸之路的建设。同时，随着中国与东盟的深度合作以及珠海作为珠江口西岸核心城市的定位确立，珠海将在西南内陆参与建设内陆港，成为西南腹地的出海口岸。新一轮以创新驱动为核心的海外新投资，正把珠海作为最佳目的地。

历史创造的机遇并不太多，珠海已经出发！

横琴，北风吹罗带

珠海横琴自贸片区——特区中的特区——横琴的个性：开放、活力、智慧、生态

为迎接澳门回归15周年，自2014年12月18日零时起，作为珠澳之间三个口岸之一的横琴口岸实施24小时通关。这一天，执勤人员为延关后第一名进境的旅客送上鲜花。全天候、无障碍的通关便利，让横琴与澳门沟通合作的通道彻底畅通，在两地之间往来就像“串门”。以前一到晚上11点就急着打车赶往拱北，在口岸百米狂奔抢关出境的人们，现在可以在零时以后陪朋友从横琴口岸入境吃夜宵。

这一把“琴”，却远不止是珠海人“海之滨，市中心”的生活理想和珠澳两地人的双城浪漫，更是珠海的“潜力”和无限可能的代名词。

走过“天羽道”“风吹罗带路”，路过“伯牙道”“子期道”，在“琴德路”“琴朗道”上穿行，在“远志道”“厚朴道”“杏仁道”“百合路”上散步，跨过“天沫河”去往“汇金湾”“离岸金融岛”……横琴岛上文化气息深厚的路名和地名里，藏着这个中国最年轻的新区智慧、生态的密码。

横琴原本是两个东西走向的狭长岛屿，像静卧在南海上的一张精美古琴，与风声涛鸣共奏着南海的乐章。也有人说这两个岛是两张琴，是伯牙和子期在赴一场横亘千古的瑶琴之约。后来，东西大堤把两把“琴”连成了一个完整的岛，也成就了珠海最大的海岛。106 平方公里的总面积，比一河相隔的澳门足足大了三倍。然而，在珠海建市的那年，岛上仅有的大约两千多常住居民不是出海捕鱼，就是在遍布蚝塘的岛上养殖生蚝。从 1979 年到 2009 年，珠海从一个边陲小镇变成了珠江口的明星，横琴却依然偏安在一片奇山静水之中。

在中国文化中，伯牙和子期象征着千古知音。2000 多年之后，可遇不可求的知遇和机缘终于拨动了这把琴的弦 —— 2009 年，天降大任于横琴，这把“琴”成了继上海浦东、天津滨海之后的又一个国家级新区，同时批准实施的《横琴总体发展规划》描绘了横琴的未来：“一国两制”下探索粤港澳合作新模式的示范区；深化改革开放和科技创新的先行区和促进珠江口西岸地区产业升级的新平台。

2015 年，横琴又成为中国（广东）自由贸易试验区珠海横琴新区片区，其功能定位是促进澳门经济适度多元化发展的新载体、新高地。从此，横琴的乐章不再曲高和寡，而是唱响在高山流水之间、聚集着世界能量的合奏。一个开放、活力、智能、生态之岛在世界舞台上亮相。

2018 年，走进横琴，一切恍如隔世。

过莲花大桥，24 小时通关的横琴口岸车来人往。

企业的免税设备物资实现当天递单、当天备案。

01

01 横琴芒洲湿地

02 横琴大桥

03 十字门：未来都市之芯

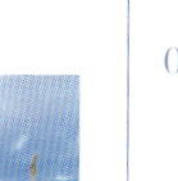

02

03

十字门为人所知，是因为南宋末年这里发生的宋元大海战；而今再次名声鹊起，则是由于在十字门水道旁，一个世界级商务区——珠海十字门中央商务区的赫然崛起。这是一幅承载着粤港澳大湾区成为世界级城市群的伟岸蓝图，而珠海十字门中央商务区则是一个高端服务业与珠三角庞大资源对接的核心区域。随着港珠澳大桥的建成通车，珠海十字门中央商务区直达港澳，成为全国唯一陆路连接港澳的中央商务区和粤港澳一小时生活经济圈的枢纽区域，其独一无二的区位将使之成为粤港澳深度合作的重要载体。

从十字门出发，金融、会展、总部经济、商务服务等高端服务业的发展及对其它产业的服务能力将重塑珠海现代产业体系的优势，推动珠海经济参与全球中高端竞争。

十字门中央商务区不仅产业高端领先，自然环境更是优美、生态。这里首先是一个生态优先、设计超前的大型公园。在一片片滨海绿地公园之间灵活分布商贸、会展、居住、旅游等各项功能，按照世界最先进的生态城市规划理念，有机融合山海景观和城市景观，巧妙地布置绿地和滨水空间，建设比肩世界级CBD的标志性建筑群，是一个山、海、城、人融合的生态国际都会，一个宜业、宜居的地方。

01-03　横琴的粤澳合作中医药科技产业园有着玲珑剔透的现代建筑风格。产业园将现代医药的研发、检测、中试、临床实验、批量生产等技术规范引入到传统中医药生产中。中医药企业入驻这里就可以得到从研发、生产到销售的全过程服务。

01

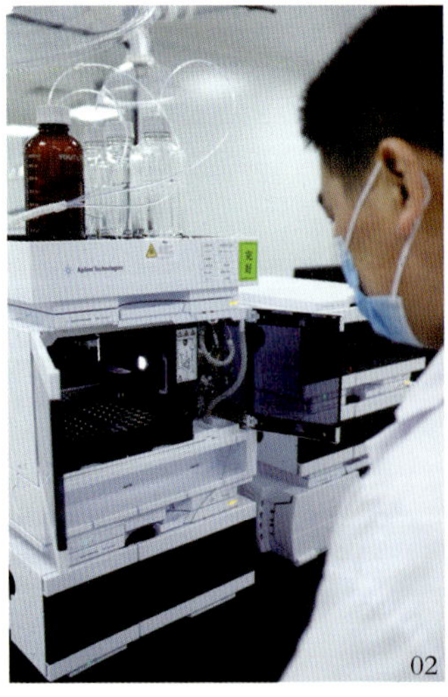

02

03

澳门单牌车自由进出横琴。

港澳游艇在横琴游弋。

今天的横琴速度，如同横琴建筑界流行的“一周封顶一座楼”。不到十年，岛东部的荒山野坡成了华丽楼群。从横琴口岸到金融岛一线，珠海国际会展中心、珠海大厦、“梧桐树”、横琴总部大厦、国际金融中心、横琴金融谷、南方传媒金融中心、横琴国际交易广场等建筑组合成优雅恢弘的天际线。6.8 公里长的横琴二桥链接南湾大道延伸线和横琴中心南路，是新区通往市区的第二条陆路通道。

凝重中带着跃动的澳门大学横琴校区是第一个在这把“琴”上奏响乐章的澳门项目。新校区是澳门本岛上老校区的 20 倍，与澳门的氹仔岛连通，又与横琴岛完全隔离。学校完全实施澳门法律和行政体系，是国内唯一“一域两制”的特殊地区，这也是横琴作为“特区中的特区”的显现。

与澳门大学的沉稳有着极大反差的，是粤澳合作中医药科技产业园的剔透玲珑。在这里，中药成了墙上的装置艺术和四周道路的名字，闻不到传统中药厂浓郁的药味，看不到传统中医药的柜台、抽屉。

在这里，国内外的中医药企业可以进驻科研总部大楼，并在园区内完成从研发、检测、中试、临床试验到批量生产的整个过程。在研发检测大楼，完整、精密的专业药品检测设备为产品提供最完整的数据，园区的中试生产平台为企业提供中药批量生产能力。中试生产大楼的建设及管理严格遵守中国内地及欧盟 GMP 认证标准，为园区用户提供临床试验样品及注册批样品的试制和上市产品的生产和服务。

国际合作区助力中医药企业开拓国际市场。由于有了澳门政府的入股和参与，园区的“国际交流合作中心”以葡语国家为切入点，与葡萄牙、莫桑比克、泰国等地的政府机构、商会、协会、高校建立合作关系，并聘请欧洲和葡萄牙药典委员会委员、葡萄牙行业协会副主席等专家作为产业园专家顾问，由此初步搭建起连接欧盟、非洲、东盟的合作网络，为企业提供产品国际注册及进出口贸易服务，并结合“以医带药”的推广方式，为企业提供市场拓展空间并提升其国际影响力。平台让缺医少药的发展中国家拥有了有效、平价的医药服务，同时为中医药企业走向世界打开通道。

科研的另一面是中医药养生和普及。园区的大健康产业区是一个中医药保健、养生的综合体，建设规划包括中医药主题酒店、中医药博物馆、中医药文化街、中医药康养机构，并由此带动会展、旅游、金融等健康产业链。

横琴也是智慧岛。被称为“七弦琴国家平台”的横琴国际知识产权交易中心是横琴的创新成果之一，也是国家知识产权运营体系的重要组成部分。实力雄厚的投资公司强强联合，以 1 亿元人民币的资本推动知识产权的交易。全球的专利、商标、版权在这里孵化、融资、储备、评估、推广、交易、维权。在可以预见的将来，一个具有国际影响力、国内一流的生态型知识产权交易平台将成为中国脑力劳动者的自由协作舞台、全球知识产权资产集散地、知识产权金融创新策源地、知识产权服务资源整合者、企业知识产权高级管家、知识产权人才摇篮和高端智库。

横琴也是深得年青人青睐的活力岛，“让创新者先富起来”也是其独有的魅力。强劲的新区建设背后，是无数社会文化精英，他们是珠海创想的缩影。澳门青年创业谷、云计算资源产业协同创新基地、香洲埠文化院街等等，都让创意企业和创业青年兴奋。

01 北京大学创业训练营

02 横琴创业基地囊括了澳门青年创业谷、云计算资源产业协同创新基地、北京大学创业训练营。

03 琴澳跨境电商小镇样板店

04 香洲埠涵盖川、晋、徽、海派和岭南等中国最具代表性的建筑风格，将打造成为横琴艺术会展中心，并包含精品文博酒店和艺术家公寓等。

01

02

03

04

在“北京大学创业训练营”，北大学子们带着自己的科技和文化创意，加入到新区的交响乐中，成为一抹亮丽的音符。

成长于澳门的周运贤在横琴创办的“跨境说”是一家创新型电商企业，采用 T + B2B-BigC 的全新电商模式，主推的“琴澳跨境电商小镇”正在创建中国第一家以网红、自媒体、内容电商为主题的跨境电商创客小镇，致力于为青年创业者提供场地和资源，让横琴成为南方跨境电商的创客基地。

女儿生日这天，恰好是毕业于清华大学的李翔离开戴尔创办自己公司的日子，她用两个孩子的名字命名了自己的新公司。这家轻松愉快的创新公司源于李翔为特斯拉的自动驾驶系统写的一套广受好评的补丁，由此她决定创办一家从事智能汽车软件解决方案以及充电监控运营系统解决方案的互联网科技公司。仅一年多的时间，“小可乐”就在智能汽车领域获得 19 项研发专利和 6 项外观专利。

作为一个创业者，李翔没有因为工作放弃自己和公司员工享受生活的权利。在她的理念中，创业是一种生活方式。她将事业融入生活，平衡出了一种许多人向往、也最适合自己的生活新方式，她称之为“欢脱智能时代”。

小可乐的理念也恰好契合了横琴的与众不同——致力于用智慧、创新的软实力来推动产业发展。宜人的环境和舒适的生活是横琴发展的应有之意，生态岛的概念，就是要让横琴不仅好而且美。

山如罗带，水如明镜。横琴四周环水，岛中央山峰连绵。脑背山顶上，横琴岛的未来在以青山大海为背景的风能车阵中高速旋转。“十步一瀑布，百步万棵树”，湿地里莺飞草长，河道中鱼鲜虾肥。日新月异的建设，并没有破坏田园山水的和谐。新区的规划将山体、湿地等 57.9 平方公里划为禁建区，并执行最高的环境保护标准，实施严格的环境保护，所有新建扩建的建筑，都必须 100% 达到绿色建筑一星标准。横琴也因此将成为珠海实现海绵城市的代表作。

澳门大学横琴校区

与澳门通过海底隧道相连的澳门大学横琴校区已经成为澳门大学的主体，师生无需通关就可以直接从澳门进入校园。

壮志凌云○

南边是南海，北边是珠海。从空中俯瞰，珠海城就像一架向北飞行的隐形战机的两翼，金湾区是珠海的左翼，香洲、横琴是右翼。金湾所在之翼，就是九十九平方公里的珠海航空产业园。三灶半岛湖滨路以南这片热土，经历十年磨砺，已经有了一飞冲天的姿态。

清光绪七年（1881年），斗门龙坛村人容嵩光携家远赴美国谋生。此时的容家，为资助洪秀全几乎倾家荡产。容嵩光在旧金山加入中国同盟会，成为了孙中山“航空救国”的积极追随者。民国三年（1914年），孙中山委派林森赴美筹办航空学校，容嵩光协助发动华侨集资，率先创办中华航空公司，以资助新成立的寇提斯航空学校。该校培养出杨仙逸、陈庆云、张惠长等二十多位优秀航空人才，他们学成后回国参加孙中山创建的广东空军并成为骨干。1913年，容嵩光在美国创立中华飞船公司，试制的飞机升空成功。1918年，又创办图强飞机有限公司。1928年，长子容兆明回国担任航空教官。

一个珠海人在20世纪初的远视和实干，为自己的家乡培育了强大的航空基因。如今，在距离斗门中心20公里外的金湾，中国的航空梦正在全新的时代机遇中灿烂绽放。

机翼上的城市◎珠海航空产业园

世界建筑大师笔下的花园之城／生态海绵城市／完整的航空产业链

从珠海机场进入市区，16公里的漫长海岸线上，椰林浓郁、海风轻柔，这里是珠海浪漫海岸的又一次延展。两年一度，世界各国的飞机在这片天空上演一出出惊艳绝伦的舞剧。从诞生之日起，金湾就是一片真正的海阔天空，“金湾”也成了航空大业的代名词。以航空产业为引领、世界航展为窗口、航空新城为生活支点，一个国际大格局的航空产业新区正在这里成型，向着天际生长。

金湾，是一个从天上飞来的新城，这座空中梦想家天堂的设计者，也是一个伟大的梦想家。

从空中俯瞰，从南向北，这个突出在南海的“机翼”由蓝入绿、由低入高。风从海上北行，雨水汇集成大大小小的景观湖，各种植物野蛮生长着。除了自然造化的赋予，这一切也来自一位世界级规划大师的手笔。

从新加坡机场出发，沿着沿海公路向西，遇见鱼尾狮、走过乌结路、穿过拉柏多公园、路过花园般的国立大学、裕廊飞禽公园，直到马来西亚的边境，一路繁花一路城。

这座“花园”的打造者刘太格先生就是未来金湾航空新城的规划人。这个祖籍福建、父亲师从刘海粟、从小在艺术熏陶下成长起来的青年，从澳洲新南威尔士、耶鲁大学到贝聿铭建筑事务所，一路成长为有着独特理念的卫星城规划大师。刘先生的理念非常系统，强调宏观优先，政策优先，城市规划引导建筑设计，文化保护优于新城建设，生态交通统领区域划分。这些听起来枯燥乏味的术语，深刻演绎进了金湾的每一寸土地，实现了海与路的融合、产业与生活的融合、自然与城市的融合。大海、河流、湿地、海绵公园构成了良好的生态系统。

这一绝招的实质，是大手笔地处理建筑与规划的牵连、宏观和微观的关系，在航空新城的蓝图上，这两种关系体现得流畅、自然，仿佛可以看到每一滴水的流向，每一阵风的走向。金湾的格局，本质上是一个面向未来、真正以自然为基底的格局，是一座现代卫星城和一方水土在科学层面上的合体。

考虑到珠海温热多雨、夏秋暴雨、冬季少雨的特点，比标准地面透水率高六倍的地面能让雨水快速浸入地下蓄水层，注满水的蓄水层让水自动进入地下水池，做浇灌和路面清洗之用。城市路面温度升高时，水池中的水会自动上升到路面降温。十万平方米的金山公园就是这样一个神奇的海绵体，也让这座南方城市成了中国的“海绵城市”试点。而在整个金湾范围内，这样的海绵体系达到 50%。

刘太格先生的规划落地之后，金湾又迎来另一位世界建筑大师——建筑界唯一的女性普利兹克奖获得者扎哈·哈迪德。这位天才女性将迪拜的“沙漠之舞”带进了中国的南海之滨，三支跳舞的水晶在这里化为蝴蝶的翩然曲线。颠覆传统建筑理念的天才妙想和重新定义建筑本质的非凡勇气被释放得淋漓尽致，超前的设计理念舞动在珠海西部的中心上空。市民艺术中心位于新城中心人工湖的中心，包括剧院、音乐厅、科技馆、艺术展馆等复合文化空间，是这座新城的六大核心之一，也是整座新城的点睛。钴蓝的湖面上，四页金色翅膀如同圣诞礼盒上柔软华丽的缎结，又一次实现了这位被奉为“建筑界女魔头”的“用曲线改变世界”的建筑哲学。这个从来不在乎别人怎么看的女性，在中国的“天空之城”留下了神妙的一笔。这一部大师的遗作，完美诠释了一座航空主题的城市如同飞机螺旋桨一般的炫动。

西部沿海高速、香洲大桥、珠海大桥、港珠澳大桥西延线、广珠城际轨道延长线让金湾不再有岛的属性。北边的西部沿海高速串起高栏港高速、机场高速和江珠高速。东边的广佛江珠城际轨道和南面的广珠城际轨道为金湾的强大交通网格勾勒出精彩的一笔，连接的不仅是广州、深圳、香港、澳门，而是整个中国西部沿海、亚洲和世界。

如果你真正在珠海生活过，你会发现航空新城并非仅仅因为航展而颇负盛名。这里是这个滨海城市的航空之“芯”，拥有傲人的、几乎完整的航空产业链——从航模发烧友到来自各航空院校的专业人才，从民航机场到军地两用无人机场，从空港到客货运输，从运输航空到通用航空，从驾驶员培训到飞行俱乐部，从零部件制造到整机装配，从农业航空到无人机，无所不包。AG600 的试飞成功，成为了珠海航空人共同的节日，也给这座天空之城注入了一股巨大的上升气流。

01　航空城市民艺术中心
02　金湾航空城

林伟民（1887-1927 年）

珠海三灶人，原名林兴。林伟民在外轮当海员期间结识了孙中山，受其革命思想影响积极参加民主革命活动。1922 年，与苏兆征等领导了香港海员大罢工。1924 年，林伟民代表香港海员工会去苏联参加国际运输工人代表大会，在苏期间加入中国共产党。1925 年在第二次全国劳动大会上当选为中华全国总工会委员长，成为早期中国工人运动的著名领袖。珠海市金湾区三灶镇建有林伟民纪念广场，林伟民铜像矗立在广场中央。

一艘会飞的船

〇

航空产业园／金湾／中国大飞机的主角之一

AG600的出生证上写着“珠海”，这是中国第一款大型水陆两栖飞机，也是中国大飞机三大主角之一。

因为有飞禽的比照，飞天梦几乎伴随着人类的成长，飞机制造一直被看成是人类征服自然最重要的发明之一。近年来，大飞机的制造成了中国崛起的标志性事件。珠海的中航通飞，成了这场大事件中的主角。

所谓大飞机，通常是指起飞重量超过100吨，单次飞行里程超过3000公里的运输类飞机。因为设计工艺和制造技术远比一般航空器复杂，所以大飞机的制造实际上代表着一个国家的航空工业水平。长期以来，大飞机制造领域一直是欧美独大。2013年，中国制造的多用途大型运输机运-20首飞成功，四年后，国产大型客机C919试飞成功。2017年12月24日，作为大飞机三剑客的最后一位，中航通飞的AG600在珠海金湾机场一飞冲天。与运-20和C919不同，AG600更多是中国航空人自己的智慧结晶——上百万个零部件中的98%由国内供应商提供，机载成品的90%以上为国产。可以说，这款水陆两栖的大型飞行器是一艘名副其实的由中国航空人自主研发、自行制造的“会飞的船”。

AG600的主要功能是水上救援和森林灭火。目前，全球水陆两用飞机的总数只有300架左右，具备生产能力的只有美、俄、日、加区区几个国家。AG600的试飞成功，不仅填补了我国两栖大飞机的空白，也标志着中国在该领域已跻身世界先进行列。

天空中的盛会○中国国际航空航天博览会

中国唯一的航空航天博览会／珠海的城市名片／万众瞩目仰望蓝天的时刻

两年一届的中国国际航空航天博览会已经进入第二十二个年头，这也是中国内地唯一的空中博览会。从小里说，每个人的孩提时代都有一个飞天梦，不能生出翅膀的人类，用飞行器终于实现了双脚离地的执念，能与这些空中巨鹰亲密接触总让人激动不已。从大里说，航天航空一直是中国产业的短板。因此，体现国际性水准的空中博览会不仅仅是一份热闹，更是中国航空航天事业奋勇精进的呈现。

每到双数年，时间的脚步还未踏入 11 月，许多航展迷和业内人士早已憧憬一场蓝天盛会的开幕。

仰望蓝天、注视星空，从来都是人类最美的时刻，是人类向往未知世界的本能。人类对蓝天的钟情，成为超越文化差异的一种世界语言。不同颜色的眼睛共同眺望蓝天的时刻，也成就了天人之合的大美。

金秋时节，珠海阳光温暖，蓝天醉人。两年一度的中国国际航空航天博览会（以下简称“中国航展”）如约而至。世界聚焦珠海，珠海惊艳世界。

自1996年开始，中国航展已举办过十二届。二十二年的青葱芳华，印刻着中国航展日臻成熟的烙印，也浓缩着中国国际航空航天事业快速发展的身影。

如今，集贸易性、专业性、观赏性为一体的中国航展已经成为航空航天领域的高水平国际盛会，与巴黎航展、范堡罗航展、新加坡航展、莫斯科航展并列为“世界五大航展”。各种各样的高精尖武器装备、最新的航空航天技术发展成果，向世界展示了一幕幕引人入胜、精彩绝伦的恢宏盛景。

从空客、波音、庞巴迪、湾流等飞机家族的“国际范”成为常客，到歼 -20、运 -20、ARJ21、C919 等国产“明星”成为焦点，一批代表世界先进技术水平的“大国重器”在航展上亮相。

从望尘莫及到同台竞技，今天的珠海，向全世界打开了一扇开放之窗，不仅展示出我国航空航天领域及国防和军队建设的成就，也表明持续稳步发展的中国国际航空航天产业在世界舞台上越来越自信从容。

“跳出珠海看珠海”，从珠海选择了航展那天开始，就是一段长长的摸着石头过河的时光。二十多年来，中国航展历经惊艳面世、艰难迷茫、调整探索、巩固提高、再创辉煌，最终破茧成蝶。

如果以一个人的成长类比，中国航展已挥别青涩，走向成熟。伴随着中国航展筚路蓝缕的前行足迹，人们看到了一个开放、沟通、合作和展示自信的平台正在日益完善。

在改革开放40周年之际，第十二届中国航展于2018年11月6日至11日在珠海成功举行。“中国始终致力于同世界各国一道，推动航空航天科技发展。”本届航展开幕式上，国家主席习近平发来贺信。经过二十多年努力，中国航展已成为最具国际影响力的航空航天类专业展会之一，为推动世界航空航天科技发展发挥了积极作用。

本届航展的六天时间，共吸引了来自43个国家和地区的770家厂商参展，来自五十多个国家的200个军政贸易代表团参观；专业观众近十五万人次，普通观众约三十万人次；举办各类专业会议活动190场，签订了569个项目、价值超过212亿美元的各种合同、协议及合作意向，成交了239架各种型号的飞机，展会各项主要指标实现了从量变到质变的跨越。

在航展东风的吹拂之下，中外优质企业正共同推进转型升级、加快共赢合作，谋求全球航空航天产业链上融合创新的新跨越。对标全球一流，中国航展也昂首阔步向“亚洲第一、世界前三”迈进，目标是打造规模更大、质量更高、服务更好、带动更强的“百年航展”，把航展这张国家名片越擦越亮。

办一个展览，创一个品牌，带动一个产业。珠海原本并非航空航天产业重镇，1996年首届航展举办之时，珠海机场才刚刚启用，航空产业更是空白。一场盛会与一座城市的结缘，不仅奏响了两年一届气势磅礴的蓝天乐章，更结下了面向未来、前景可期的产业硕果。

2008年第七届中国航展开幕当日，珠海航空产业园正式开园，先后带动了中航通飞、摩天宇航空发动机维修、翔翼飞行训练中心等项目落户，初步形成了航空制造、通航运营、物流、培训等产业，珠海乃至广东航空产业实现大步跨越。

22年里，来自世界各地的航迷、军迷情牵珠海，渴望着每一届蓝天盛宴。无论是新朋友还是老朋友，中国航展是他们认识珠海的窗口和结缘珠海的纽带，在一届届航展上见证着珠海特区书写下的发展奇迹。

第十三届中国国际航空航天博览会将于2020年11月10日至15日在珠海举行。相聚世界级大湾区，再奏响蓝天新乐章。珠海已展开创新之翼，去拥抱美好的明天。

外行人欢欢喜喜地欣赏蓝天上的表演，而对于航空航天专业人士来说，中国航展是深度了解世界航天航空产业最新动态的绝佳平台。

城市与企业，一场相遇与相惜

好的城市才能拥有好企业／企业足够强才能支撑好城市／城市与企业的相遇与相惜并非偶然

二〇一八年开始，珠海成了经济的领跑者，除了政府推动珠海“二次创业”、重新出发的动能因素之外，珠海多年累积的城市内力在新经济格局中开始显现出优势。好的企业一定要遇到好的城市，好的城市一定会滋养好的企业，四十年的修炼让珠海的城市气质足够配得上世界最好的企业。

绿意满城的珠海，让每个在这里发展的企业不会再左顾右盼，企业留得住人，城市留得住企业。珠海拥有丰富的教育资源，高校数量及学生规模位居广东省第二，这不仅为企业带来技术和人才资源，也让企业员工不再为孩子的读书担忧。宜居才能宜业，随着经济的转型，在高新企业、互联网企业成为优质企业的时代，珠海的底气明显提升了。

2018 年 10 月 23 日，一身靓丽“中国红”的银隆新能源双层巴士作为 CCTV 直播车首先驶上港珠澳大桥，成为举世瞩目的大桥通车仪式上最漂亮的一抹红。带着复古情调的红色银隆“铛铛车”早已是珠海情侣路上的网红，“爱你就带你坐铛铛车兜风”已经成为最时尚的情意表达方式。银隆新能源是珠海一家新兴的电动车企业，2010 年，银隆收购了美国奥钛公司，成为中国唯一采用钛酸锂电池为动力电池的汽车制造商。

企业，为城市代言

企业是城市发展的原动力——好的企业代表一个城市的水平和实力

西雅图的波音、东京的丰田，企业是城市发展的原动力，好的企业可以带动一个城市的发展，好的企业代表一个城市的水平和实力。

曾经有个网上社区做了一个调查，题目是用一个企业代表你所在的城市，结果，格力当仁不让地为珠海代言。这个调查可以看出，格力对珠海的意义确实不同寻常。

2018 年，格力的产值超过 2000 亿，有九万员工，上缴税收将近 150 亿，实现利润 260 亿。“好空调格力造”，如今的格力在家用机、多联机、螺杆机、离心机等空调多个领域推出了大量领先型产品，双级增焓转子式变频压缩机、一赫兹变频技术、双级高效永磁同步变频离心式冷水机组等尖端技术相继获得“国际领先”认定。格力的核心竞争力不断提升，市场销量也与其他品牌拉开差距，成为名副其实的全球空调行业领军者，“格力”也成为“最具市场竞争力品牌”和中国空调行业第一个、也是唯一一个“世界名牌”。2015 年 5 月，格力电器入围全球 500 强企业阵营，在“福布斯全球 2000 强”中，排名家用电器类全球第一位。在最新公布的中国品牌价值排行榜上，格力的品牌价值达 687.53 亿元，位列家电行业之首。

同样，荣登中国 500 强企业榜单的华发也是和珠海一同成长的珠海本土企业，参与并见证了城市成长的足迹与辉煌。在珠海，华发就是生活品质的代表。“珠海的房子有两种，一种是华发，一种是其他”，这句话道出了华发的气场。三十多年来，华发股份在珠海建造的人居社区高达1000多万平方米，市场占有率在30%以上。

事实上，华发不仅是一家简单的房地产企业，对城市的责任才是华发的终极追求。湿地公园建设、各项城市高端文化体育活动、社区书店网络……在今天的珠海作为粤港澳大湾区第一宜居之城的背后，有华发为之付出的点点滴滴。把城市的未来作为自己的抱负，是华发卓然于一般地产开发企业的根本原因。总面积达18万平方米的“华发商都”，可以看作是华发从一般地产开发商向城市运营商转变的标志，这个由全球顶级专业机构进行规划设计与运营推广的商业综合体，以规模大、档次高、功能全、感受新而全面颠覆了珠海市民的休闲体验，进而将珠海引入了一站式购物

5.2公里观海绿色长廊围绕之中的格力海岸位于情侣北路唐家湾新城核心片区，面海背山，邻近总部基地核心片区、金山软件园、蓝湾智岛等重大项目和多所大学，再次提升了珠海的宜居品质。

01 “华发商都”将珠海引入了一站式购物中心和休闲娱乐的大商业时代。

02 金山软件

中心和休闲娱乐的大商业时代。更能体现华发作为地产一级开发能力的十字门 CBD 规划开发，更是华发多年来厚积薄发的实力体现。这个以高端服务业为主的世界级中央商务区，不仅展现了华发对城市的苦心孤诣，孜孜以求，也彰显出珠海融入大湾区顶级城市的抱负和雄心。

格力和华发这样的企业，堪称珠海企业生态园里的大树，浓荫厚盖、根深叶茂、与时俱进；还有一些企业，成长伊始就具备了创新的基因，走在了世界互联网产业的前沿。正是这些传奇的优秀企业，共同构成了珠海企业发展的和谐与多样并存的良好局面。

多年前，几乎通宵未眠的雷军来到珠海举办的留学生节开幕式现场，站在珠海国际会议中心为年轻人演讲。他一开口就深情地怀念起了金山：“站在这个舞台，我特别激动，为什么呢？因为我自己，我们金山就是从珠海出发，一步一步做起来的。能有机会站在珠海这个舞台上，跟大家描绘我自己追寻梦想的道路，内心真的有抑制不住的激动。”

金山软件，一个国人耳熟能详的 IT 业标杆，它的故土就在珠海。如今被年轻人信奉为创业导师的雷军，当年正是珠海金山软件的第六名员工，那是中国软件业筚路蓝缕的拓荒时代，求伯君独具的伯乐慧眼和雷军的良禽择木而栖，本该上演一出时代大戏。面对微软这样的庞然大物，金山软件十几个小伙伴披星戴月，求伯君卖掉了自己的别墅苦苦支撑，但盘古套件还是惜败给了 OFFICE 系统。那本来就是一场不平等的竞争，但从失败里走出了 WPS 完善的汉字桌面系统，培育了一批善于面对逆境的程序员。金山软件如今仍然是中国最优秀的软件开发、分销和服务供应商。而后起之秀的小米科技，不论怎么看，都像是金山同母异父的兄弟。

智造之城

《快公司》最佳创新五十强／中国首家发射卫星的民营企业／植保无人机领域的『大疆』

2014年，世界科技创新领域最有影响力的杂志《快公司》发布了中国最佳创新公司50强，珠海的云洲智能凭借无人船上榜。这家由毕业于香港科技大学的张云飞创办的企业是中国第一家无人船企业，也是世界首家无人环保船企业。在珠海南方软件园，云洲从一个航模爱好者出发，成就了一个估值10个亿、面对千亿级市场的高新技术企业。2017年，在中国第34次南极科考中，云洲智能海洋无人船成为进入极寒地带的先锋。

2018年10月，在珠海研发生产的中国首款大型水陆两栖飞机“鲲龙”号AG600首飞成功。2018年4月，酒泉卫星发射长征11号固体运载火箭将“珠海一号”五颗遥感微纳卫星星座送入太空，

01 云洲智能

02 珠海羽人公司的四旋翼植保无人机

03 专业级飞行模拟设备，提供真实的飞行体验。

这是中国首个由民营上市公司——珠海欧比特宇航科技股份有限公司自主研发、建设、运营的卫星星座。从此，珠海的创新企业“上天入海”。

今天的珠海，还是无数创业者挥洒才情的天堂。在金湾智造大街这个创新创业孵化器里，一个个生机勃勃的新公司涵盖了无人机、航空器、机械手、人工智能、生物医药、无人驾驶等诸多领域。

4 月的新疆喀什莎车县，百万亩巴旦木树上，白桃花般的花朵一浪一浪如同海洋。珠海羽人公司的四旋翼植保无人机飞行在万亩花海之上，利用气旋流为巴旦木成功授粉，解决了困扰新疆果农多年的巴旦木开花多结果少的难题。

2008 年，珠海羽人公司创始人陈博看到国外无人机已经成为植保的主要方式，而中国农民还是背着喷壶下田，他决定成立一家飞行器有限公司，研制国产植保无人机。如今，在中国和东南亚的植保领域，这家珠海企业的 “水牛”“谷上飞”品牌都已经是当红产品。新推出的羽人农业航空“飞耕场站”不仅有太阳能发电系统，还具备了药肥补给、智能监测、云计算病虫害和农作物产量预测能力，将植保无人机提升到了一个智能化的国际水平。

飞翔梦未必只在天上。同在金湾智造大街，几个热爱飞行的大男孩创办的飞行模拟器企业也做得有声有色。提供给飞行培训学校的专业级飞行模拟设备可以让受训者真实感受到飞机前后上下左右六个自由度的位置变化和座舱外部景象，飞机的姿态、位置、高度、速度、天气变化逼真而且与真实世界同步。如果在模拟机上学会了自如操纵飞机，你就可以独自把它开回机场，稳稳落地。这是模拟机真正的意义所在，也是这些航空发烧友们做这家公司的动力。

在智造大街上，有很多这样的创新企业，从热爱走向专业。珠海人不仅会“玩”，而且“玩”出了名堂。2015 年，中国人民大学对全国城市创业指数的调查结果显示，珠海的创业指数位居全国第六，仅排在京、穗、深、甬、苏之后。

珠海是近代走向世界，寻求国家现代化的重要城市。一八四七年，容闳（今珠海南屏人）赴美留学，后考入耶鲁大学，成为中国留学海外的引路人。在他的建言下，一八七二年，第一批三十位留美幼童在容闳与陈兰彬二人的带领下到达新英格兰，史称『中国幼童留美运动』。到一八八〇年，共有二十二人进入耶鲁。这二十二人中，有很多影响了中国近代历史，其中包括『中国铁路之父』詹天佑和唐绍仪这样的杰出人才。

遇见世界

明清的海外经商，清晚期的海外留学，让这块土地上的人们最早领悟到了现代商业文明和科学技术，开始走出国境，寻找强国之路。

拱北的前世今生。

一百三十年前，一个匈牙利人从澳门来到拱北，开启了拱北口岸第一章。关于这个洋税务司的来历，似乎难倒了现代网络搜索引擎；然而可以确定的是，拱北的前世，远远早于一百三十年前。在这个与澳门真正只一步之遥的点上，沧海与桑田曾经的际会一定是一场没有被记载的精彩大戏。

1981 年的拱北关闸口

拱北宾馆

1983 年开业，位于拱北区的黄金地段，与澳门特别行政区隔街相望。采用古代阿房宫建筑元素的主楼，是这里日常的熙攘和现代气息中一股浓浓的传统中国风。

珠海市东南部陆路与澳门相连的地方，是中国改革开放的南大门之一。这一片 10 平方公里的区域，是中国出入境流量第一大口岸，把守国家经济大门 130 年，也是这座滨海之城最繁华、人流最旺的城区。

独特的地理位置和珠澳之间的通关功能，让这一方寸之地成为了珠海商贸、金融、信息和交通沸点，也是珠澳文化流通的“闸口”。历经近四十年的快速发展和叠代，如今的口岸区内依然奔涌着迷人的老派情调，充满怀旧的趣味和珠海特有的市井气息，是游客们百逛不厌的去处。迎宾南路、情侣南路、口岸广场自成一景，道路不宽但高楼密集、酒店林立、商铺集中，人流在闪烁的霓虹中熙来攘往，让人时刻能感受到这座城市鲜活的生命力。来自澳门的异国风情与不断涌现的现代化社区合力构建出一幅独一无二的城市生活图景，把“走过一座桥，跨入另一座城”的“通关”快感变成了珠澳两地居民的日常幸福。这里是美食的天堂，往日一式带着豪华西式情调的餐馆如今增添了中国的南北风味，湘川京沪样样俱全；这里也是购物天堂，过去一式的进口服饰和奢侈品商店如今更多让位给了国货名品。

这一片天地，从诞生之日起就蕴藏无限商机，从来都是港、澳、内地乃至全球名流商贾投资置业的理想之选。近年来，珠海市对拱北的街道、建筑进行了一次全面的升级改造，引发新一轮投资热潮，人流、物流、资金流、信息流再次聚集成新的能量场，为这一片熙攘的“老克勒”风情又增添了新鲜的时尚气息。

中国陆路流量第一的拱北口岸，是拱北的心脏和引擎，这一片街市的繁华都源自于这个“永动机”。2018 年，中国十分之一的人口从这里走过，总客流量达到历史最高点，高峰期日客流量达到 46 万人次，口岸的客流量连续七年位居中国之首。当年设计通关流量只有 15 万人次的拱北边检站，如今配备了最先进的生物信息采集仪和智能人像识别系统，运用大数据技术手段极大提升了通关效率。

拱北口岸 130 年

始于 1688 年

01

02

03

/ 鸦片战争　　拱北关 /　　01

16 世纪中叶，葡萄牙殖民者窃据澳门。明政府为防范居澳葡人，“建关于莲花茎，设官守之”，这就是后来的关闸门。清康熙年间开放海禁，1688 年在澳门设置了粤海关七大总口之一澳门总口，这就是拱北关的前身。

/ 16 世纪 -17 世纪晚期　　前身 /　　02

鸦片战争的动荡中，封闭澳门总口，澳门沦为鸦片走私基地。为抑制鸦片走私，粤海关在澳门外围的拱北湾和前山河设立税厂查禁鸦片。光绪十二年（1886 年），总税务司赫德以落实中英《烟台条约续增专条》“洋药（鸦片）税厘并征”政策为由，诱使清政府在澳门设立洋关。1887 年 4 月 2 日，税务司法来格到拱北接管了马骝洲和前山税厂及其所属的 3 个缉私卡，成立拱北关，总关设在澳门。

/ 1949 年　　新生 /　　03

1949 年 11 月，解放军大军南下，接管拱北关。次年 1 月，拱北关更名为“中华人民共和国拱北海关”，5 月，原拱北关设在澳门的机构迁入内地，由此结束帝国主义把持中国海关的屈辱。

04

/ 1984 年　　外格 / 04

1979 年，关区内全国首家来料加工企业成立。1980 年，珠海设立经济特区，拱北海关迎来了发展的春天。为适应新形势，1984 年 6 月 9 日，国务院批准拱北海关升格。

/ 1991 年　　连接 /

1991 年 3 月 28 日，珠海与澳门就拱北迎宾大道与澳门连接事宜达成合作协议，共同签署《备忘录》。

05

/ 1992 年　　小平南巡 / 05–06

1992 年 1 月 23 日，邓小平同志到珠海视察。在 1 小时 45 分钟的航程中，小平同志作了南巡重要谈话，指明了中国改革开放的历史方向。

/ 1999 年　　回归 / 07

1999 年 12 月 20 日，拱北口岸沉浸在一片荣耀的海洋里。中国人民解放军驻澳部队从拱北口岸进入澳门，拱北海关关员满怀自豪欢送并见证了澳门回归的历史时刻。

06

/ 1996-2018 年　　航展 /

1996 年至 2018 年，珠海市连续举办了十二届中国国际航空航天博览会。拱北海关特事特办，在机场临时口岸对航展物资实行便利通关，提供 24 小时监管服务，为航展添翼。

/ 2009 年　　横琴 /

2009 年，横琴新区成立，2015 年 4 月，中国（广东）自由贸易试验区横琴片区正式挂牌。拱北海关实施一系列改革举措，助力横琴新区开发开放和横琴自贸区特色发展创新。

07

/ 2014 年　　“延关” /

为迎接澳门回归 15 周年，自 2014 年 12 月 18 日零时起，珠澳之间的三个口岸实施新的通关安排，拱北口岸延长通关时间 2 小时。

/ 2018 年　　1.34 亿 /

2018 年，每天经这里进出境的海内外旅客平均 36 万人次，全年出入境客流量总数达到了 1.34 亿人次，稳居中国第一。

自古英雄出少年

◎容闳

『予虽贫，自由所固有。他日竟学，无论何业，将择其最有益于中国者为之……传道固佳，未必即为造福中国独一无二之事业。』

01

1828 年，清道光年间，康乾盛世的繁华像秋天的树叶慢慢飘落。这个深秋的某个时辰，广东香山县南屏村的容家，诞生了家里的第三个孩子。

南屏村与当时已租给葡萄牙的澳门只隔一条半英里宽的海峡，澳门的传教士与村里的乡亲多有交集。而传教士的家庭总管恰恰是容家的朋友和邻居，因缘巧合之中，容家的老三——容闳，在七岁时成了中国第一所正式的西方学校——马礼逊教会学校的学生。

当同龄人在苦读《三字经》和《千字文》这些儒家入门读物时，天生聪慧的容闳每天的主要课程是数学、地理和英文。当然，他也学习国文，但那是每天下午的课程，并不被重视。30 年后，当容闳和自己的同胞交际时，他突然发现自己的母语是如此蹩脚，以至于不得不重新补习，而他请的国文老师居然还是一个外国传教士。有学者考证，“尽管容闳慢慢能讲汉语了，但似乎终生都未能用汉语来写作。”可以想象，中国传统儒学完全没有在幼年的容闳心里留下烙印，也真的没有带给他羁绊。

1846 年，未满 18 岁的容闳面临一次命运的抉择，他的老师布朗因为身体原因决定返回美国，离开前布朗先生对全班同学说，他可以带几个学生和他一起去美国，并帮助他们在美国完成学业，“如果有人愿意，请站起来”，台下一片死寂，漂洋过海上百天的航行以及远离故土的未知让大多数少年不知所措，尽管他们受的是西

02

03

04

式教育，也相信布朗先生是大大的好人。

容闳第一个站了起来。这看似轻巧的一站，成就了中国近代史上的一段传奇，翻开了中国教育的独特篇章。

19 世纪中叶美国在中国传教和商贸活动的活跃，也成为了耶鲁与中国历史纽带的催化剂。1847 年 1 月 4 日，广州的黄埔港，一艘名为“亨特里斯号”的运茶船搭载着容闳等人徐徐离港。没有人知道，在茫茫大海上，这个 18 岁的中国孩子在想什么，然而，三个多月的旅途，一定唤醒了男孩去看大世界的全部渴望，这一场看似平凡的旅程，不仅是少年容闳的“奇幻漂流”，也被后人形容为中国的“圣玛利亚”号探险，和哥伦布发现美洲大陆有着异曲同工的神妙。

辛苦旅程的终点，是那时还只有不到 30 万人口的纽约，一行人继续乘船到纽黑文，在那里，容闳见到了耶鲁的时任校长。那时，美国还没有真正意义上的高级中学，三个中国少年被送到了马萨诸塞州的孟松学校，那是当时新英格兰最好的公立预备学校。当时的校长查尔斯·哈蒙德也是耶鲁校友，容闳描述他是“有纯粹品格和经验丰富的人”，“对中国充满兴趣，希望我们能学有所成”。孟松学校让容闳第一次体尝了“耶鲁精神”。

01—02 容闳（1828-1912 年）广东香山县南屏村（今珠海市南屏镇）人，中国近代史上首位留学美国的学生。中国近代早期改良主义者，中国留学生事业的先驱，被誉为“中国留学生之父”，“以一人之力，为封闭的中国打开了通向世界的大门”。

03 美国孟松学校

04 黄宽（1829-1878 年）香山（今珠海市）东岸乡人。中国第一批出国留学生之一，1847 年留学美国孟松学校，1850 年转赴英国，考入爱丁堡大学医科，1857 年获得医学博士学位。

1850 年，容闳被耶鲁大学录取，这也是刚被鸦片战争卷入近代史的东方保守帝国与西方世界发生的一次重要联系。

在那个“天朝”旧梦未醒、视科举为入仕途之唯一通道的时代，在西洋学校就读并非令人羡慕之事，前景最多不过谋个洋务差事。留学对中国人来说，是遥远而且昂贵的事。有记载的资料中，在 19 世纪的美国留下过足迹的中国人屈指可数。《容闳自传：我在中国和美国的生活》中记录：“若只是自筹经费，我们永远不可能去美国完成学业，因为我们都很穷……通过布朗先生的努力，我们不单经费不愁，两年内父母每个月还可领一笔费用。我依然记得他们之中一些人的名字：安德鲁·萧德锐是香港《中国日报》的编辑，一个英格兰老单身汉，高贵英俊；A.A·里奇是美国商人，还有 A.A·坎贝尔，也是苏格兰人，还有一些我们不认识的人……”

容闳是中国第一个留美留学生，也是第一个完成学业的留美学生。和他同去的另外二人，一个因病回国，一个遵从教会旨意转学英国，只有容闳考取了名校耶鲁大学。然而，当时香港传教士会只资助他预科费用，除非容闳签署协议保证毕业后加入传教士的行列。容闳表示，传教不是当时中国最需要的，他要学习更为祖国需要的知识，以为报效。他的立场得到了耶鲁朋友的支持，朋友们为他寻到了别的财务来源。大学第一年，容闳每晚苦学到深夜，期间由于体力不支，请假休息了一个星期。他的数学很是糟糕，却因为英语而“无比风光”。在寄宿俱乐部的炊事工作，也解决了大学后半段的食宿费。努力学习的同时，他还在“兄弟会”图书馆担任助理管理员，最终以优异成绩成为耶鲁毕业生。今天，在耶鲁名人榜上，容闳和乔治·布什、克林顿等一起支撑着这所世界名校的荣誉。

耶鲁也成就了容闳的胸怀。毕业之际，容闳把在学校的成就总结成“过眼云烟”的“虚名而已”。而在 1854 届耶鲁毕业生的眼中，容闳是一个“处境很特别”的人，是一个回到故土之后“有力量为真理和上帝去做大量的工作”的人。至此，容闳成了真正的耶鲁人。

1855 年，容闳回国。他脱下西装，换上长袍，甚至安上了假辫子，成了中国最早的“海龟”。他会面太平天国的洪仁玕，提出“治国七策”，又拒绝洪秀全的赐封离开；他来到上海，加入曾国藩为首的洋务运动，赴美采购先进武器，促成中国近代历史上第一家大型武器机械制造厂“江南制造总局”在上海建立；他参与组建华商轮船公司，并先后在广州、香港等地任职。闲暇时，精通英语的他常去做翻译，自嘲“这一自由副业赚不了什么钱”。

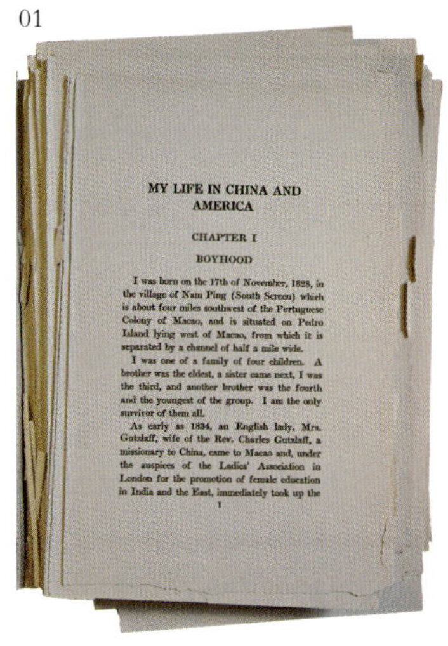

MY LIFE IN CHINA AND AMERICA

CHAPTER I

BOYHOOD

I was born on the 17th of November, 1828, in the village of Nam Ping (South Screen) which is about four miles southwest of the Portuguese Colony of Macao, and is situated on Pedro Island lying west of Macao, from which it is separated by a channel of half a mile wide.

I was one of a family of four children. A brother was the eldest, a sister came next, I was the third, and another brother was the fourth and the youngest of the group. I am the only survivor of them all.

As early as 1834, an English lady, Mrs. Gutzlaff, wife of the Rev. Charles Gutzlaff, a missionary to China, came to Macao and, under the auspices of the Ladies' Association in London for the promotion of female education in India and the East, immediately took up the

1

MY LIFE IN CHINA AND AMERICA

BY

YUNG WING, A.B., LL.D. (YALE)

NEW YORK
HENRY HOLT AND COMPANY
1909

01–02 容闳在1901年用英文写成的回忆录《我在中国和美国的生活》

03 长眠在美国雪松岭公墓的容闳

此时，内忧外患的清王朝已是千疮百孔，沉疴难治，学习西方成为有识之士的共识。容闳也算生逢其时，他的基础贡献是直接促成了中国现代军事工业的起步。他屡次与中国官僚交投失利，却得到了朝廷重臣的赏识，成就了中国现代制造业的筚路蓝缕之作。然而，深谙西方文化精髓的容闳非常清醒，坚船利炮虽是夷人长技，但不能改变国人的思想劣根；他更大的抱负是呼吁国人接受系统西方教育，让祖国变得文明而强大。

这时的容闳，心中的“教育计划”也已成形。在他的多次建言下，曾国藩同意就幼童留洋计划上书朝廷。1872年，第一批30位留美幼童在容闳与陈兰彬二人的带领下到达新英格兰，容闳任学生监督，史称“中国幼童留美运动”。赴美幼童年龄在 10 岁至 16 岁之间，计划在美国学习 15 年，学成归来之际正是报效国家的黄金年龄。

容闳将自己的全部心血都投入到留美幼童班中。到 1880 年，共有 22 人进入耶鲁。这 22 人中，有很多影响了中国近代历史，其中包括“中国铁路之父”詹天佑和唐绍仪这样的杰出人才。

遗憾的是，幼童留学计划实施四年之后，在清政府内部顽固派的阻挠和统治者对于西方文明和生活方式的恐慌中不了了之，120 名留美学生在 1881 年陆续返回。然而，留美幼童运动对中国历史的影响是深远的。

1876 年，耶鲁大学授予容闳名誉法学博士学位。容闳与美国南北战争一代名将沙曼将军、英国伯爵琳列同台接受这一荣誉，这对当时的中国人是极大的鼓舞。容闳在给当时耶鲁大学校长的信中说：“我个人视为是一项对中国的鼓励，视为是一种国家荣誉，是由世界上最年轻而进步的国家，颁赠给最古老而保守的人民，它鼓励中国去面向世界……” 而在海洋的另一边，直隶总督李鸿章也敏感地意识到，这一荣誉将会助中美外交一臂之力。

1894 年，在欧洲游历了一圈后，容闳再次在纽约登陆，看望了他的耶鲁朋友，这离他从耶鲁大学毕业已整整四十年。1912 年，84 岁的容闳在美国病逝。这个剪掉了辫子，穿着洋服的中国人，这个“为中国改革而死，死得其所”的革新斗士，这个自始至终为祖国奔走的人，却埋骨在天涯。

如今，距离容闳那次凄苦迷离的负笈远航已经过去了 170 年。在中美关系胶着对峙的 1954 年，容闳毕业百年纪念会和容闳与留美幼童的展览在耶鲁举行，耶鲁用自己的方式纪念了一个来自中国的耶鲁人。1972 年，中美两国的交流终于回到了容闳所开创的原点。

留学已成为当今中国青年汲取知识、报效祖国的大道正途。据统计，我国每年出国留学人数近百万，其中仅美国一地就高达 35 万人。长眠在美国雪松岭公墓的容闳应该感到欣慰了。

珠海容闳学校

以容闳命名的珠海容闳学校，继承了容闳的西学理想。学校的德威国际高中课程是与德威学院的合作项目，学生在这个课程中毕业后直接进入国外大学学习，大部分学生都能得到来自世界排名前 200 的大学录取通知书。

站立在耶鲁校园里的中国人。

耶鲁与中国的渊源，千丝万缕，早于哈佛。

斯特林纪念图书馆正门，哥特复兴式建筑的石墙上刻着的古汉语碑文，取自大书法家颜真卿晚年的传世名作《颜家庙碑》，印烙着一段中国文化的印记。图书馆一层右侧的国际图书阅览室，小布什总统在耶鲁上学时喜欢在这里的长沙发上打盹。容闳的铜像就站立在走廊里，他身着中式长衫，脚踏布鞋，卷发齐耳，目光沉毅。这尊铜像是2004年容闳的家乡中国珠海市赠送给耶鲁大学的礼物。图书馆正门前方“女人桌”的设计者是美籍华人林樱，她的姑妈林徽因从宾夕法尼亚大学建筑系毕业后，曾进入耶鲁戏剧学院学习舞美设计。所有这些，都默默记录着耶鲁与中国在百年历史时空中发生过的交集。

耶鲁是第一所开办“中国语言文化讲座”的美国大学，这也正是容闳积极努力的结果。

耶鲁大学图书馆曾保存着一本晚清同治年间的石印本字典《小学纂注》，是容闳向母校捐赠的古代典籍中的一本。2006年，这本书被耶鲁校方作为礼物，赠予到访的时任中国国家主席胡锦涛。

19世纪中期，继欧洲英法等国相继开办中国语言文学专业课之后，美国朝野有识之士积极奔走呼吁，要求美国大学开办“中国语言文化讲座”。1877年，容闳在给耶鲁图书馆馆长的信中提出该倡议，并承诺将个人图书收藏捐赠给图书馆。次年，容闳将1237卷中文古代典籍连同四把钥匙寄给馆长，其中包括清康熙十五年内府刻制的《康熙字典》。

今天，耶鲁大学图书馆已成为世界汉学研究资料最丰富的图书馆之一，每年上亿美元的资金保证了该馆的中文藏书质量。

01
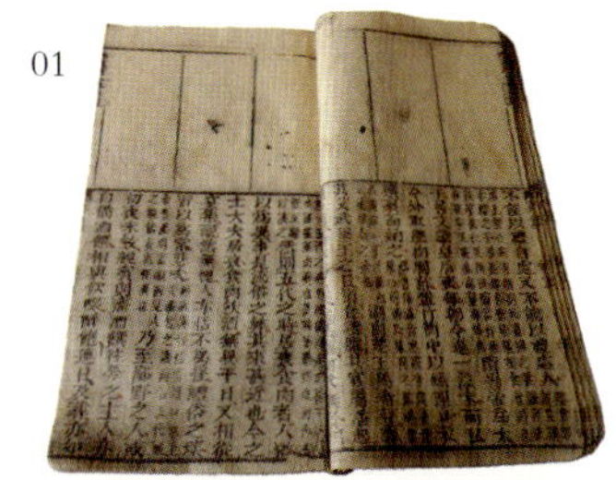

02

01 《小学纂注》
02 耶鲁大学校园内的容闳铜像

第一个尝试商业超市的人

◎陈芳

陈芳（1825-1906 年）

位于珠海前山镇梅溪村的陈芳故居

陈芳的传奇首先是由外国人书写的。1909 年，美国著名作家杰克·伦敦在《夏威夷故事》中讲述了陈芳的故事。时隔数年，马克·吐温也用几乎同出一辙的语气把陈芳记入了报道之中，后来结集成《发自夏威夷的信札》发行。

说珠海人陈芳是一百多年前商业模式创新第一模范中国人，不算夸张。

1849 年，24 岁的陈芳跟着父亲出国经商，他们没往华人扎堆的东南亚走，而是直奔那时华人屈指可数的太平洋岛国夏威夷。彼时夏岛，民风淳厚，路不拾遗，却商业陈旧，物品奇缺，陈芳敏锐嗅得商机，从中国大量进口茶叶、瓷器和生活用品，生意自然火爆。天生具有商业创新细胞的陈芳发现，将货物直接置于货架之上，让客人随手挑拣，统一在出门时结账，不仅节省人力，而且购物体验绝佳，商品出售率大大提高。可以说，陈芳的店铺是世界上第一家超市。后来商铺失火，店小二把店里的三万美金席卷而逃，众人皆以为陈芳会一蹶不振，陈芳却胸有成竹，婉拒当地人的资助，贷款重开商铺，很快又赚得盆满钵满。众人看到的是付之一炬的商品和被盗的美金，而陈芳心里明白，商业模式才是王道。

说陈芳是晚清第一牛人，肯定不是正史。但是陈芳确实是一个曾经生活在传奇故事里的中国人。

陈芳的出生地梅溪村，位于珠江口西岸，这里算得上是中国最早和西方人做生意的地方。小时候的陈芳，经常看到乡亲们经营茶叶和烟土，虽然还只是懵懵懂懂，不明就里，却感觉这些忙碌就是丰衣足食之道。后来林大人在虎门烧大烟，红毛鬼子洋枪洋炮打到了广州城，三元里的乡亲长矛大刀围洋人，15 岁的陈芳依稀记得，在香港被割让不久，他就去那里学做生意了。

这是真的，广东人细胞里有天生的商业基因。粤闽人纷纷下南洋的有一半是去经商，还有一半，用今天的话说，是去打工。

24 岁的陈芳也出发了，直奔夏威夷。初到夏威夷，他的事业也算是顺风顺水。

小有所成的陈芳志在高远，全面介入甘蔗种植和制糖业。恰逢美国南北战争期间，美国的甘蔗基本产于南方，因为打仗瞬间搞得北方没糖吃了。陈芳抓住机遇，向北美大量销售蔗糖，一举成为夏威夷华人圈子里名副其实的第一个百万富翁。

有钱虽然是陈芳的目标，但他在中国中过秀才，算是一个儒商，以当时华人在夏威夷三等公民的地位，就是再有钱也登不了大雅之堂。凭着过人的机敏，陈芳斥巨资为国王举办婚礼，不仅得到国王好感，还藉此俘获了皇室公主的芳心，公主不惜屈尊嫁给了他，陈芳由此一步跨进了夏威夷的上流社会。

至此，陈芳的牛气还未散尽，穿上黄马甲后，他略施小计让妻子的哥哥竞选上了国王，自己也成了真正的皇亲国戚，又把国王介绍到中国出访，直接促成了中夏邦交，他也当上了朝廷命官，受顶戴花翎官居二品。有趣的是，陈芳的异国太太陆续为他产下 13 女 4 男，而以他的家庭传奇为原型的百老汇歌剧《十三个女儿》，居然也长演不辍了 30 年。

01　1964 年，美国百老汇上演了一出名为《十三个女儿》的歌舞剧，讲述在一个庞大的华商富豪家庭，父亲是如何为自己十三个华洋混血的女儿一一找到如意郎君的故事。故事的原型就是陈芳的家族传奇，因为情节独特生动，此剧在百老汇一直演到 1993 年。

02　位于珠海梅溪村的梅溪牌坊是光绪帝为表彰陈芳及其父母等人造福桑梓而赐建的。

01

02

人间共乐之心

○唐绍仪

提起珠海，绕不过唐家。唐家湾与香港大屿山隔海相望。而说起唐家，当然也绕不过这里清末民初时的人才荟萃，其中之一是唐绍仪。

唐绍仪（1862-1938 年）

字少川，1862 年 1 月 2 日生于广东香山县（今珠海唐家湾镇唐家村），清末民初著名政治活动家、外交家、清政府总理总办、山东大学第一任校长，中华民国首任内阁总理。曾任北洋大学（现天津大学）校长。

“文武双全”和“戏剧性”，用在唐绍仪身上天衣无缝。叱咤风云的他，死得诡异凄惨，一生却过得生猛淋漓，让后人的所有评说都显苍白无聊。

正如中国近代史上所有风云人物，很难用语言文字来概括唐绍仪，他并非异类，却绝非主流。唐绍仪 12 岁之后的人生，似乎可以用“超现实”来形容。裹挟着赤子般的英雄主义和理想主义，他在凄厉的政治现实中以飞蛾扑火的勇敢和庖丁解牛的从容，画出了自己浓郁、艳丽的人生色调。

人生紧要处，常常就几步。唐绍仪出身富裕商家，其父唐巨川是茶叶商，精通外贸。唐家虽不算显贵，却毕竟得风气之先。当同乡容闳费劲口舌劝说清廷制定官费留美教育计划时，多数中国的达官贵人之家是不肯让子女参加的。于是，已与洋人多有交道的广东，反而开了留洋风气之先，在当年的一百二十多名留学幼童中，出生在今天珠海市的孩子就占 20% 以上。

唐绍仪的族叔唐廷枢不仅与容闳有交情，还是当时洋务运动的得力干将和怡和洋行 (Jardine Matheson & Co) 总买办。在叔叔的举荐下，12 岁的唐绍仪在 1874 年成为了第三批留美幼童之一，而第二批留美幼童中就有他的同宗叔伯兄弟唐国安。若干年后，这对叔伯兄弟分别担任了北洋大学和清华大学的首任校长。

留美七年，唐绍仪不辱使命，考上了纽约名校哥伦比亚大学。若不是1881年清廷保守派得势叫停了留学计划，他的一生或许也没了后来的风云跌宕。不管怎样，七年磨砺，修炼了一身中西通吃的本领，也给这个帅小伙铆足了为国效力的干劲。他深谙大清官场的厚黑政治，也熟悉美式的政治“西餐”，说着一口流利英文，“民主”“文明”不离口，深得美国人心，《纽约时报》甚至时不时刊发有关他在政治道路上的动态。

唐绍仪回国时，正值洋务运动勃兴。他先加入了天津税务部门，任职翻译，后被派往朝鲜办理海关税务，一路左右逢源。

1884年的朝鲜甲申政变，见证了中国近代历史舞台上两个相当重要的人物的第一次戏剧性交集。当时，被亲日派打伤的朝鲜高官避居在海关公署，时任北洋集团要职的袁世凯前去探视，正好看到身材壮硕、器宇轩昂的唐绍仪亲自扛枪守卫大门，26岁的袁世凯与22岁的唐绍仪相见恨晚。

唐绍仪与袁世凯之间的古典英雄主义大戏，在十年后的1894年中日开战前夜又一次上演。为躲避日本人刺杀，唐绍仪身配双枪双刀，连夜护送袁世凯登

01 袁世凯内阁成员
前排右一：内阁总理唐绍仪

02 唐绍仪与家人（摄于1920年）

01

No 1276 No. of Shares 5
The Chinese Engineering & Mining Company, Limited.
Capital £1,000,000 in Shares of £1. each.
PROVISIONAL CERTIFICATE.
This is to Certify ... Five
Dated this 3rd day of JULY

02

03

04

05

01 唐绍仪与胡佛

02 唐绍仪与美国三十一任总统胡佛还有一段特别的缘，两人不仅是美国留学时期的同学，也是在天津从事商业活动的合作伙伴。1898年，胡佛来到中国，任唐山开平煤矿工程师，曾住天津马场道，与唐绍仪家为邻。1900年庚子事变，唐家为炮火所毁，夫人和一个幼子当场被炸死，胡佛闻讯后及时赶到，当即帮助唐绍仪两人各抱一个孩子冲回自己家里，避免了遭受二次伤害。其中胡佛救下的孩子就是唐绍仪的女儿唐宝玥。后来，在驻美使馆宴会上，公使夫人唐宝玥与救命恩人相见，不免感慨唏嘘。胡佛当选美国总统后，也曾有来中国造访唐绍仪的打算。

03 共乐园

04 1920年代的唐绍仪，对政治的幻想已经寥寥。1921年，唐绍仪辗转回乡，在自己的私人花园里找到了久违的心灵之乐。园子位于珠海唐家湾北面鹅峰山下，始建于1910年，曾取名“小玲珑山馆”，1921年扩建时改名"共乐园"，占地3.4万平方米，院内植物繁茂，建园主人的生活情趣在精美的建筑细节中一览无余。1932年，唐绍仪把园林赠予唐家村，让村民休憩娱乐。1986年这里被公布为珠海市文物保护单位。

05 上海 / 武康路40弄1号

武康路原名福开森路(Route Ferguson)，由上海法租界公董局修筑于光绪三十三年(1907年)。作为曾经的法租界，这里的洋楼风格多样，被誉为浓缩了上海近代百年史的“名人路”，入选第三届“中国历史文化名街”。今天的武康路安静平和，算得上是上海最美丽，最文艺的去处。从淮海路左拐，入武康路，熙攘戛然而止，阳光被挡在密密麻麻的梧桐叶之外。40弄1号是一幢建于1932年的西班牙风格独立式花园住宅，由建筑大师董大酉设计。唐绍仪晚年就居住在这里，这里也是他的生命终结之所。

上英国军舰，以勇武的身躯和不凡的胆识让袁世凯躲过了命中一劫，两人从此生死契阔，用袁的话说是“如身使臂，如臂使身”。从此，唐绍仪成了袁世凯的红人。其间的 1904 年，英国人入侵西藏，唐绍仪受命前往印度与英人谈判，有效维护了中国的主权，从此平步青云，成为北洋时期的重臣。

1911 年，武昌起义爆发，北伐军节节胜利，大清楼厦将倾。袁世凯明白大势不可违，遂派出首席智囊唐绍仪参加南北和谈，这也成了唐绍仪人生中的重大转折。1911 年 12 月 8 日，唐绍仪乘火车南下，在路上先剪了辫子。谈判开始，他并未按照袁的旨意商量君主立宪，而是对南方代表伍廷芳直言：“共和立宪，我等从北京来者，无反对之意向，且我共和之思想尚早于君。因我在美国留学，素受共和思想之故也。”数日后，孙中山回国，这两个中山县的老乡一见面便以乡音倾盖，不胜欢愉。谈判的结果虽不如袁世凯心意，但唐绍仪还是为他争取了任职大总统的允诺，终于促成“统一”，唐绍仪也因而深得南北双方的认可，就任中华民国第一任内阁总理。

之后，唐绍仪加入同盟会，全力推动共和，与袁世凯渐行渐远。在做了三个月总理之后，唐绍仪悄然离京，下野退隐。

后世的史学主流，多将唐和袁二人的矛盾解读为独裁与民主的意识之争。然而这一切，很难讲是历史的安排还是人性的羁绊，谁也说不清楚是谁辜负了谁。

抛下权杖离京后，唐绍仪在天津创办金星人寿保险公司，经商之余与政治依然藕断丝连，先后参与反袁的二次革命和孙中山的护法运动，但在政见上与孙也多有不合。

在官场上无法施展政治抱负的唐绍仪，在 1921 年碾转回乡，在天伦之乐和自家的园林里续上了胸中的共和理想。始建于 1910 年的私家园林小玲珑山馆，成了唐绍仪归隐山林的乐土，他带领家人和帮工亲力亲为，布衣笠帽，开山破石、铺路修桥、遍植花木，将小玲珑馆改造成了“共乐”之园。

1931 年，这个晚清一品大员、民国首任总理，居然兴致勃勃地竞选当上了中山县长。在就职演说中，他为家乡父老描绘了 25 年发展蓝图，这一段美好的构想，至今仍然被世人纪念着。

唐绍仪狂放恃才，一生树敌不少；但他的才禀优异，又吸引各派势力的格外关注，虽早早退出了权力中心，却仍然有相当的政治地位。1938 年 9 月 30 日，78 岁的唐绍仪被军统特务刺杀在家中客厅。翻云覆雨的一代名臣终以悲剧谢世。

西方语言与文化的通识家

◎唐廷枢

唐廷枢（1832-1892 年）

初名唐杰，字建时，号景星，又号镜心，生于广东香山县唐家村（今广东省珠海市唐家湾镇），清代洋务运动的代表人物之一。唐廷枢是中国近代历史上著名的洋行买办，又是清末洋务运动的积极参加者。他的一生，对创办近代民族实业和推动民族经济发展有过重要的贡献。

如果要为大清帝国渐进的改革历程找一个地理坐标的话，珠海的唐家湾是一个绕不过去的存在，这里后来被称为“买办之乡”。珠海人唐廷枢就是其中的佼佼者。当他走完 60 年的人生时，李鸿章在悼词中感慨：“中国可无李鸿章，但不可无唐廷枢。”

唐廷枢出身于一个普通农家，难得的是，唐家老爹虽然只是个庄稼汉，却早早得广东风气开化之精要。他认定洋人的差事更靠谱，于是直接去给澳门教会的布朗牧师做差佣。几年后，他顶着族人的非议，把两个儿子也送进了教会学堂，用自己全部八年的薪水抵用两个孩子八年的学费。

就这样，10 岁的唐廷枢成了马礼逊学堂第一批中国学生中的一员。在六个中国学生中，除了后来开启中国留学先河的容闳外，他的哥哥唐庭桂也在其中。容闳曾回忆当时读书的情景：“校中教科，为初等之算术、地文及英文、国文。英文教课列在上午，国文教课则在下午。”毕业于耶鲁大学的布朗，用了仅仅六年的时间，给自己的六位中国弟子打下了牢固的西学基础。

《英语集全》

2011 年，上海的一家拍卖公司以五万元的价格拍出了一部清同治元年（1862 年）纬经堂刻本的《英语集全》。这部用粤语注音的英语教材，是中国第一部英语工具书，它的编撰人唐廷枢就是珠海唐家村人。“天色已晚 =It is getting dark= 咽衣士结丁喎。”正是这一句句今天看来有一点好笑的英语，为中国近代的对外贸易和对外交往打下了不可忽略的语言基础。

和洋人打交道，跟洋人做事情，这既是唐家老爸对孩子的希望，也是唐家兄弟二人的生活目标。唐廷枢没有像容闳那样跟着布朗去美国深造，而是早早步入商场开始了务实人生。从助手翻译到海关官员，唐廷枢经过十数年历练，慢慢谙熟了近代商贸的规则和规律，同时也发现，能够跨文化的沟通对当时的经商助莫大焉。为此，他和哥哥在经商之余，悉心编撰了中国最早的英语工具书之一《英语集全》，此书分天文地理、日常生活、工商业、官制、国防、买办六卷，在很长时间里都被作为权威的英汉语言教材。

精通英语和西方商贸规则的唐廷枢，很快在上海这个十里洋场上展示了他的商业才华。1863 年，年仅 31 岁的唐廷枢升任上海怡和洋行总买办，成为名副其实的中国买办第一人。此后十年，唐廷枢凭借自已的眼光、胆识和谋略一步步扩大了自己的商业版图，成为当时无出其右的商界明星。有意思的是，正值怡和洋行生意兴隆、自己名利双收的鼎盛时期，唐廷枢却突然宣布隐退。心有大志的唐廷枢，看到洋行生意兴隆映衬的是国运凋敝，自已终究不过是寄人篱下的“大款”，并没有多少生命的尊严，于是辞职，开始闭门读经。

而此时也正是直隶总督兼北洋通商大臣李鸿章心急火燎地推进萌芽状态的民族工业之时。李鸿章刚刚在上海成立了最早的民族工商企业轮船招商局，试图通过自行设局置轮，在航运业占据一席之地。然而，当时的上海已经有美英等多家外国航运公司，航运业投资大，风险高，招商局很快在竞争中败下阵来，面临资金断裂、生意枯竭的绝境。在此危亡关头，有人向李鸿章推荐了唐廷枢。朝廷的一纸委任状，也让以退为进、欲仕先隐的唐廷枢找到了报国的最好出口。以多年商海积累的资本和人脉关系，唐廷枢很快打开局面，并别出心裁地使用了发行股票的方式募集到足够的资金，可谓开中国股市之先河，也让轮船招商局在短短几年内完全打破了外国船只在中国航运业中的垄断地位。

从此，唐廷枢的经商才华一发而不可收，一举创下诸多的中国第一：第一家保险公司“仁济和保险公司”，第一家煤矿“唐山开平煤矿”，第一条铁路“唐胥铁路”，钻探出了第一口油井，铺设了第一条电报线……对于中国近代民族工业大发展，唐廷枢确实有断鳌立极之功。

1892 年 10 月 7 日，唐廷枢在天津去世。上海最早的英文报纸《北华捷报》感叹“他的死，对外国人和对中国人一样，都是一个持久的损失”。

无情皆有情

○苏家巷里的苏曼殊

01

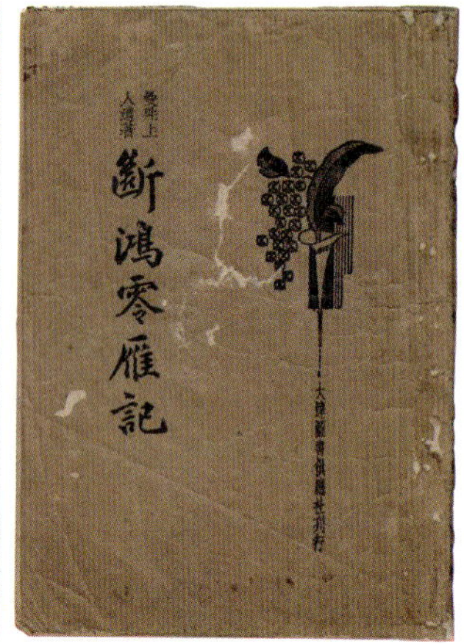

02

在近代文化史上，苏曼殊是一个公认的奇才，诗好、画好、文好，通晓汉文、英文、日文、法文、梵文；他也是近代史上有名的“精神抑郁症”患者，诗僧、情僧、画僧。在匆忙、短暂、矛盾重重的一生里，他办刊、写小说、写诗译诗、投身革命、奔赴爱情，在近代思想启蒙和新文化运动中扮演了一个重要而且独特的角色。

苏曼殊1884年生于日本横滨，父亲苏杰生当时在日本担任英商万隆茶行的买办，母亲是日本人。童年的苏曼殊几乎没有尝过家庭的温暖，6岁时被送回老家广东沥溪村，也就是今天的珠海香洲区前山街道沥溪社区苏家巷，15岁再赴日本留学，20岁时，在广州长寿寺出家。

苏曼殊的小说《绛纱记》《焚剑记》《非梦记》不仅在中国粉丝无数，也在海外被很多读者喜爱、追随。他还翻译了莎士比亚、拜伦等西方作家的作品，同时把中国的李白、杜甫、李贺的诗歌介绍到西方，也因此被誉为是与严复、林纾齐名的“清末三大翻译家”之一。苏曼殊翻译的《悲惨世界》（命名《惨世界》），是雨果小说在中国的第一部译本。

年少轻狂的苏曼殊与日本姑娘菊子的一见钟情和爱情悲剧，化为了鸳鸯蝴蝶派爱情经典《断鸿零雁记》，小说被誉为“民国初年第一部成功之作”。

苏曼殊的名声不仅仅因为他在佛学、绘画、诗歌、小说翻译等领域的造诣，更因为他半俗半僧、一生漂泊的人生传奇。他信仰佛教，24 岁时就编译出中国第一部梵文字典，却又支持暴力革命；他用情至深却又常流连风月，数次出家又还俗。

曼殊一生“身世飘零，佯狂玩世，嗜酒暴食”。诗人柳亚子曾将其著作搜集汇成《苏曼殊全集》五卷。

1918 年，“彗星”在上海坠落，苏曼殊三十四年的红尘孤旅化作八个字：“一切有情，都无挂碍。”富有意味的是，苏曼殊死后被葬于杭州西湖孤山的西泠桥畔，与江南名妓苏小小墓南北相对，从此“西泠桥畔两苏坟”，两个性情中人在另一个时空中互相取暖。

如今，苏家巷里的苏曼殊故居依然保留着当年平房的建筑格局，青砖、门廊、天井依旧。苏曼殊身着僧袍、手执折扇的塑像静立在天井中，滚滚红尘似乎依然在那颗放纵、孤傲的心中汹涌。

01　苏曼殊（1884-1918 年）

珠海沥溪村人，近代著名作家、诗人、翻译家。擅长诗文、精通绘画，在中国近代思想启蒙和新文化运动中独占一席之地。

03—04　苏曼殊故居依然保留着当年平房的建筑格局，青砖、门廊、天井依旧。

02—05　《断鸿零雁记》被誉为“民国初年第一部成功之作”。

03

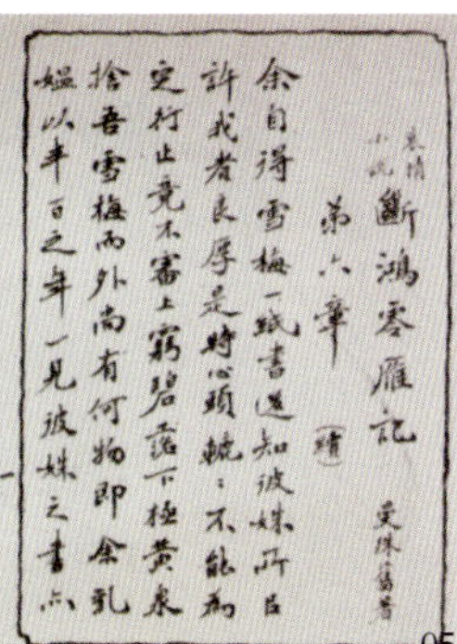

哀情小説 斷鴻零雁記

第六章（續）

曼殊著

余自得雪梅一紙書後知彼姝所以許我者良厚是時心頭跳跳不能為定行止竟不審上窮碧落下極黃泉捨吾雪梅而外尚有何物即余乳媪以半百之年一見彼姝之書亦惻然身受淚潸潸下余此際神經當作何狀讀者自能得之須知天下事由愛而生者無不以為難無論濕化卵胎四生綜以此故而入生死可哀也已

05

04

这条绝美风景线和谐地贯穿于山海之间，浑然天成，饱含了一座城市对大自然的无限珍爱。情侣路的前世今生，远不只是浪漫珠海的浓缩，更是一座城市对大自然的反哺——含蓄、深厚的大爱。

相遇浪漫与激情。

每个都市人的心中都有一条情侣路，但没有一个城市能如此决绝地将一条路这样命名。一颗年轻、热忱、开放的城市之心，刻进了一条路的名字里。

繁华在左，蔚蓝在右，爱在心间○情侣路

"一带九湾"的情侣路是城市的经典景点／
一千个人心中就有一千条情侣路／
情侣路是认识这座城市的开始

每个都市人的心中都有一条情侣路，但没有一个城市能如此决绝地将一条路这样命名。一颗年轻、热忱、开放的城市之心，刻进了一条路的名字里。

据说，这个浪漫得“露骨”的名字，来自于一对在这里手牵手散步的恩爱夫妻。有人说，有意之人若能在这条路上完整走一遭，就能在大王椰树下牵手了。反正，一切和这条路有关的传言，都穷尽“浪漫”二字；反正，有人说，就有人信。

问很多在珠海生活多年的人，他们心中的情侣路是什么样的，答案却不如想象的那么美。有一半人会告诉你，他们是如何亲眼见证这条路蜕变到今天这般美好的；另一半人会告诉你，他们人生中的很多大事发生的那一刻，情侣路上是晴还是雨、是明还是暗。也许是因为这条路离珠海人太近了，近得每一次小小的悲喜都由这条路作了背景。

又试着问初次踏入这条路的人，他们的回答却纷杂、有趣，这也是情侣路无限的趣味所在：

有人说：真干净。

有人说：石头好整齐、好结实。

有人说：椰林和榕树真是绝配，一个婷婷女子，一个壮实少年，他们才是情侣路上永远的情侣。

有人说：没有海就没有路。

有人说：等月亮出来吧。

有人说：我就是想喊。

有人说：不行，我得回去，把她带来。

有人说：能这样坐着一辈子不离开，该多好。

有人说：真后悔没带上爸妈。

有人说：海的那边是什么？

有人说：明天去买一台单反，来这里等夕阳。

有人说：这一生的伤心事都想起来了，然后忘掉。

有人说：买个房子住下来吧。

有人说：从此不再害怕了。

有人说：我想哭，真的忍不住。

一千个人心中，有一千条情侣路。

01 情侣路灯塔的南边是40万平方米的城市客厅，开阔的沙滩浴场与滨海广场相接，可嬉水，也可凭栏小憩。

02 杨匏安(1896-1931年)

珠海市南屏镇北山村人，原名锦涛，笔名匏安。他在1919年就在报刊上撰写了《马克思主义》，被称为华南传播马克思主义第一人。1921年春加入中国共产党，领导省港工人运动。为纪念这位革命先驱，在珠海市香洲区海滨北路香炉湾畔树立着杨匏安纪念铜像，杨匏安陈列馆则位于香洲区南屏镇北山村杨氏大宗祠西侧。

情侣路有多长？通常的版本是，从拱北的情侣南路出发向北走，这是老情侣路。这里的麻石路面和栏杆并没有机器打磨的那种光亮，自然而有质感。在这里，可以南望澳门的友谊大马路和入夜后灯火璀璨的城市天际线，港珠澳大桥也如在眼前。路上有几家特区最早的酒店，临海的餐厅、老派的港式早茶和粤菜是很多老珠海人心中永远的美好。

到了九洲港附近的拐弯处，就是情侣中路了，路边有一个向东突出的半岛，路也跟着转了个弯，与海若即若离。这里曾是珠海最高端的住宅区，榕树的气根和枝叶包裹了整个人行道，行人稀少。路对面有个小岛，外地人喜欢把车靠在路边，只为看一眼这里的海。

过了爱情邮局和灯塔，情侣路进入经典路段——香炉湾。在邮局寄出信笺，走向弯弯曲曲的情侣路。这段如同漂浮在海上的路，极目之处是海天一色，直到珠海渔女附近时，游人顿时密集起来。

珠海渔女是必到的打卡景点，自拍、互拍的人流在这里会突然慢下脚步。海滨泳场、金色沙滩和白色遮阳伞营造出一派浓浓的度假气氛。香炉湾一带原有的沙滩早已退化，政府提出了沙滩修复计划，当时在建的港珠澳大桥施工现场正好有大量砂石，在企业的配合下，这条 1.5 公里的沙滩重新回到了城市的中央。

从沙滩和步道向北散步，左边的大剧院越来越近，右边的渔女渐渐远去。过新月桥，上野狸岛，两扇巨型白色“贝壳”傲立在岛的一角，意犹未尽的游客可以在海韵城逗留一阵。

过了香洲港，情侣路呈现出新派园林风格。水拥坑公园和海天驿站洋气十足，从这个角度看大剧院又是别样风情。由此向北就是唐家湾，情侣路在这一段成了“港湾大道”，但在很多人眼里，这一段路依然只是情侣路的另一个版本而已。

行至格力海岸公园和淇澳大桥附近，路又恢复了“情侣北路”的身份，然而这是一段全新意义的情侣路。以格力海岸公园和游艇码头为核心，这片新的宜居区块已成为新时尚与潮流的集结地。

01

繁华在左，蔚蓝在右。

老版本的情侣路有 28 公里长，把这条路完整走一遍，也就看完了主城区的海岸线。从野狸岛的“日月贝”到珠海渔女，从海滨泳场到海天驿站，情侣路像一条丝滑的、蓝金色相错的绸带，由南向北温情地拂过香洲、吉大、拱北直到唐家湾。香洲湾是都市繁华的起始，逐渐退出城市繁华地带的香洲渔港，如今依然牵扯着老一辈珠海渔人的集体回忆。情侣北路上新起的楼盘是新移民的聚集之所，而唐家湾则是珠海历史文化的浓缩。

不走情侣路，等于没到过珠海。

一条路、一座城的美好，似乎全在这条曼妙的曲线上了。情侣路是很多人认识这座城市的开始。很多人因为爱上了这条路，就离不开这座城了，留下来终老。更多人虽已离开，心却留在了这条路上。

今天，情侣路海岸提升及“一带九湾”工程已经启动实施。“带”指的是情侣路，“九湾”是指从唐家到横琴海岸线上的金星湾、淇澳湾、唐家湾、凤凰湾、香炉湾、九洲湾、拱北湾、横琴湾和新洪湾，更宽泛地说，可以一直延展到金湾航空城。

在这个版本里，未来的情侣路将是无限惊喜：金湾的科技创新基因造就智慧版的情侣路；淇澳湾的生态成就生态版的情侣路；唐家湾大学城的青春、动感与时尚孕育青春版的情侣路；隔湾对望的凤凰湾与香炉湾让浪漫的浓度更升一级；大剧院边，现代文艺伴着浪潮汹涌，日夜升腾在海岸线上；九洲湾有滨海大公园体系为依托，拱北湾是现代口岸门户，横琴湾恰好在十字门商务区的高楼和灯火之间；直到最西端的新洪湾，情侣路收煞在一片湿地和渔港之间。

不用纠结路有多长，在有情人的心中，情侣路没有尽头。情到深处，路要多长有多长；在怨情人眼里，往事历历、步步惊心。诗人说一寸相思一寸灰，情侣路是一寸相思一寸路，用她的长度，一寸寸丈量着人间的相思情怨。

走情侣路，可以有一千种方式。

清晨，坚毅之人在这条路上奔跑，带着马拉松的节奏，汩汩海风吹得衣襟鼓起。绿道上，有戴头盔的专业骑行者，更多的是普通骑车人。热烈的午后阳光下，环卫工人在树荫下吃着便当。傍晚，拖着拉杆箱的旅客在返程前赶来，只为再看一眼这一片天空海阔。

冬天的珠海还是有点凉意，告别的场景在情侣路上无数次上演。带着娃牵着狗的人们从各条支路上涌出，来到各自固定的路线，在老地方遇见老朋友，风筝在天

01　香炉湾上的这段情侣路如同漂浮在海上，极目之处都是海天一色。

02　过新月桥，上野狸岛，两扇巨型白色“贝壳”傲立在岛的一角。

03　海滨泳场、金色沙滩和白色遮阳伞组合成一派浓浓的度假气氛。

02

03

空中争霸。

广场舞是标配，但情侣路实在长，所以各自的地盘可以拉开距离，互不干扰。盛夏的沙滩是泳装秀场，晴好的日子，整条路又成了婚礼大片的片场，白色婚纱、黑色礼服、碎花长裙、海魂衫争奇斗艳，仿佛正在上演的舞台剧。爱情邮局和灯塔广场并非年轻恋人的专场，有缘之人互相加个微信，也许就走上了牵手的路。

入夜，情侣路在漫天繁星下沉静入梦，而水湾路上的夜生活才刚开始。歌声和吉它的旋律从室内溢出来，隐约地逗留在温润的夜色中。

撇开这些缠缠绵绵，情侣路也是城市的重要交通线。

20世纪60年代，当时的珠海县曾沿海修过一条30公里长、用砂石铺就的“国防公路”，公路从唐家经银坑、香洲、拱北直到湾仔，但绝大多数路段都在海边的半山上，只有小部分真正沿海。如今，在水湾头的半山腰上，还能看到这条公路的一点痕迹。

没有情侣路之前，渔女已在香炉湾上那片几乎没有道路可抵达的海边孤独地伫立了十年。那时，要一睹渔女芳容，只能从今天的望海楼杨匏安像前下到海边，沿着崎岖的滩涂一路走，或者从石景山穿过当时还是草木深邃的海滨公园到达。

20世纪90年代初，原来的凤凰路不堪重负，于是有了在城东再建一条通往中山、广州方向的道路的规划，目标是尽量利用海岸空地，不多占土地和海面，也不破坏自然岸线和山体。

如今，这条绝美风景线和谐地贯穿于山海之间，浑然天成，饱含了一座城市对大自然的无限珍爱。菱角嘴拐弯处突出路面的巨石，杨匏安雕像边上的两块大石头，中海银海湾的自然山谷……都是被这座城市悉心留存并呵护的自然风貌。情侣路的前世今生，远不只是浪漫珠海的浓缩，更是一座城市对大自然的反哺——含蓄、深厚的大爱。

三十多年里，这条滨海大道的样貌一再更迭，如同一个被时光精心打磨的器物，被赋予了自己的生命。这条路的美好，远不止是复古观光巴士上的浪漫，也不仅仅是自然和原始与现代和摩登的完美相融，更因为它是珠海人的日常，是珠海人的故乡情结。这里是清晨的出发地，也是日暮归家的路；是都市的中心，也是心的远方。

01

01–02 爱情邮局其实是个爱情主题的文创小店。要一杯咖啡或茶，站在露台上看灯塔，心中总会涌起幸福或惆怅。“转角遇见爱情”的提示总会让年轻的心沿着转角楼梯上下徘徊。

03 从拱北的情侣南路出发向北走，到了九洲港附近的拐弯处，就是情侣中路。

04–05 青石板铺就的步行道边总有四季变换的花草，临海的栈桥是听涛漫步的好去处。

02

04

03

05

01　人们从各条支路上涌出，来到各自固定的路线，在老地方遇见老朋友。走情侣路，可以有一千种方式。

02　情侣路的夕阳是最美的，不仅是因为海岸线在城市的东边，西落的阳光正好斜照在路上，更因为路上的一物一景与金色的阳光配合得恰到好处。

03　百年前的香洲埠就在今天情侣路的中心路段。清末，一些爱国华侨投资在这片海港荒滩上建设了港口和商埠，这里曾经是中国对外贸易的一个窗口。

香炉湾

香炉湾是情侣路的精粹。在一个半月形的海湾里，因过去渔民从这里登岸到石景山香炉洞朝拜而得名“香炉湾”。船底山伸入海中，把香炉湾分成两个秀丽的小环，像水中菱角，两个小湾环因而得名“菱角嘴”。

20世纪70年代的香炉湾一带，有一片白沙滩，沙滩在情侣路的开建中退化。2015年正式启动的风情海岸提升规划，将最靠近主城区和居民生活空间的香炉湾纳入“一带九湾”蓝图的核心，让这个香山文化的源头芳华重现。沙滩改造中倾入的人文情怀和对沿岸滩涂、植被的严格保护，延续了这座城市一直坚守的生态居住远见。

新一轮改造后的香炉湾，从渔女西侧蜿蜒至东风路与情侣中路交叉处。约九十米宽的金色沙滩绵延1.5公里，坐拥优越的交通环境，呈现一片向着未来生长的山海栖息地。

渔女之于珠海，如同美人鱼之于哥本哈根。

情侣路开通之前，由知名雕塑家潘鹤为珠海独创的渔女就已作为城市的象征亭亭玉立在香炉湾畔了。雕像于 1982 年揭开面纱，颈佩水晶珠链，披着婆娑的渔网，双手高擎一颗璀璨夺目的珍珠，集仙气和普通渔家女的天生丽质于一身，喜悦又含羞的神情，向世界昭示着光明，向人类献上珍宝。

相传，远古时代有位仙女迷上了香炉湾的美丽，扮成渔家女下凡。她心灵手巧，美丽善良，深受渔民喜爱。很快，美丽的姑娘与憨厚的渔民海鹏私定终身，但海鹏听信谗言，执意要女孩摘下维系性命的手镯作为定情信物。仙女为表心志，毅然拉下手镯，旋即昏死在情人怀中，海鹏悔恨已晚，饮声泣血，哀天恸地。九洲长老为这深情所感动，引导海鹏采来一枝还魂草，用鲜血浇灌成长，救活仙女，仙女从此不再返回天庭，成了真正的渔女。

渔女雕像于 1982 年揭开面纱，颈佩水晶珠链，披着婆娑的渔网，双手高擎一颗璀璨夺目的珍珠。

海上文艺殿堂

外墙美如轻薄的蜻蜓翅膀／有生命的建筑／珠海艺术文化的殿堂

大剧院『日月贝』的设计灵感来源于名画《维纳斯的诞生》，完美演绎了『珠生于贝，贝生于海』的海洋生命哲学——珍珠的诞生本身，就是时间铸就的美，也是万物生长的妙不可言。一年中的任何一天，一天中的任何时刻，『日月贝』的万种风情随粼粼波光摇曳。从远处看，『蚌壳』微微张开，在南中国海的艳阳下闪着虹彩光泽，似乎要释放怀里的一颗珍珠。

2017年元旦，蓄势八年的“日月贝”绽放在香洲湾的碧海蓝天之间。

半透明的外墙美如轻薄的蜻蜓翅膀，仿佛下一秒就会起飞，为城市的天际线添上了轻盈、灵动的一笔，“日月贝”从此成了这座城市最美姿态的定格。

59000平方米的建筑面积和“赋予建筑以生命”的设计和施工理念，令这个全国唯一建在海岛上的文艺殿堂美如斯坦利・库布里克在《2001太空漫游》中呈现的幻境。

每平方米90千克的承压能力，让大剧院足以抵抗12级以上的台风。薄壁的大曲面施工采用最先进的三维建模BIM技术，经历无数次精确定位以确保弧度的精确性。选址的特殊性，也是对外墙建筑材料抗潮能力和外墙清洗的极大挑战。

大剧院的舞台机械设计是与打造过柏林大剧院和哥本哈根大剧院的德国昆克国际咨询有限公司合作完成；马歇尔戴声学公司为大剧院打造了建筑声学系统，让可容纳1550人的大剧场内最后一排的观众在不使用扩音设备的环境中丝毫没有听觉的折扣；来自Speirs + Major的团队为剧院打造了世界一流的照明体系。大、小两座剧场在巧妙的空间处理中实现了优雅与热烈的错落和互补。

大剧院“日月贝”的设计灵感来源于名画《维纳斯的诞生》，爱与美的女神诞生于贝壳，完美演绎了“珠生于贝，贝生于海”的海洋生命哲学——珍珠的诞生本身，就是时间铸就的美，也是万物生长的妙不可言。一年中的任何一天，一天中的任何时刻，“日月贝”的万种风情随粼粼波光摇曳。从远处看，“蚌壳”微微张开，在南中国海的艳阳下闪着虹彩光泽，似乎要释放怀里的一颗珍珠。从这个母题上说，“日月贝”精彩实现了“有生命的建筑”的理想，也让这一颗城市地标中的“珍珠”恰如其分地成为这个天天向上、契合自然的城市的代言，与整座城市共生出妙不可言的都市文艺。正如设计团队核心成员马泷所言：“这里将改观艺术在大多数人心目中的概念，它能表达无数种可能。”而在这个成绩显赫的建筑梦想家的心中，“日月贝”的华彩也是“履历中最令人兴奋和感动的作品之一”。

从2017年的首秀至今，大剧院从未停止过“生长”。文艺和时尚的气息，从未局限于室内的场馆，而是奔涌在一片开放式的空间。“日月贝”不仅是珠海艺术文化的殿堂，更是城市的灵魂宣言，带着所有人的音乐梦想，驶向蔚蓝的深处，接近“无数种可能”。

薄壁的大曲面施工采用最先进的三维建模 BIM 技术，经过无数次精确定位以确保弧度的精确性。

珠海中心
ZHUHAI TOWER
格拉芙珠海中心网球秀
STEFANIE GRAF TENNIS SHOW AT ZHUHAI TOWER
WTA
华发集团
Huafa Group
横琴人寿
HENGQIN LIFE

在珠海，体育不仅是竞赛，更是审美◎

这座有着特殊体育基因的城市，承载了厚重的国家荣誉，诞生了新中国体育界第一个世界冠军容国团，孕育了生于金湾区南水镇的『中国高尔夫第一人』张连伟。

11 月的珠海，伶仃洋爽朗的风吹拂着港珠澳大桥，翠绿的洋面上，两个高耸的拉索桥墩之间，是一块透亮的天空蓝，更耀眼的，是世界网球名将格拉芙。赢得过 22 个大满贯的格拉芙和网坛明星加西亚在这片天蓝上挥起球拍，这是 2016 年珠海 WTA 超级精英赛最温情的画面，永远留在了这座城市人们的心中。

一年后，同样的场景出现在 330 米的横琴上空。在新落成的十字门中央商务区珠海中心大厦楼顶，格拉芙以 WTA 超级精英赛全球形象大使的身份与帕芙柳琴科娃再次挥拍，这一次的主题是“决胜大湾区之巅”。

格拉芙难掩兴奋之情：“很高兴重回珠海，并在这样一个特别的地标建筑和高度上体验网球。从去年的港珠澳大桥到今年的珠海中心，我感受到了这座城市的发展速度和卓越气度。很荣幸能以珠海 WTA 超级精英赛全球形象大使的身份参与和见证这座城市的成长，也为珠海正得到世界的更多关注而感到高兴。”

2018 年，格拉芙再度来到珠海，这次她选择在航空工业通飞珠海基地的停机坪与“鲲龙”号 AG600 的研发团队一起上演一场机坪网球秀，再次为珠海代言，为珠海加油。

格拉芙三次具有鲜明珠海色彩的亮相被世界各大媒体广泛传播，珠海锐意进取、现代开放的城市形象也传遍全世界。

光荣与梦想

○容国团

和世界冠军获村打了个二比零／

『这是我走向新生活的第一天』／

新中国第一个世界冠军

容国团 (1937-1968 年)

生于香港工人家庭，籍贯珠海南屏镇（今珠海市香洲区南屏镇）。中国乒乓球和中国体育史上的第一个世界冠军。

1870 年，容闳终于说服了李鸿章和曾国藩，同意联名上书朝廷申请向美国派遣留学生。次年，志得意满的容闳回到家乡，慷慨地拿出 500 两白银，带头募捐办学，创办了“甄贤社学”。甄者，选拔也；贤者，能人也。容老先生的苦心孤诣，都在这校名里了。

1941 年，太平洋战争爆发，香港被日军占领，容闳的后代族亲容勉之不得不放下香港海员的工作，带着不足 6 岁的儿子返回老家南屏村。翌年，他让儿子进入了这所容家先贤创办的学校。这个瘦弱的孩子比同班同学都要小，却特别机灵，他的名字叫容国团。

一年后，瘦弱的孩子成了学霸，兴趣广泛，突然对当时刚传入中国的白色赛璐珞小球有了兴趣。一张简陋的乒乓桌旁，几乎总有这个小男孩的身影，身高只突出台面半个脑袋，天赋却奇异地闪现，没多久，这个一年级的小学生已经打遍全校无敌手。

容爸爸只是一个普通的海员，日本投降后，他回到香港谋生，容国团也转学到香港慈幼学校。战后经济凋敝，容国团不久被迫辍学，对乒乓球的爱好也几乎放弃。香港恢复工会组织后，15 岁的荣国团走进了工联会的球馆，没过几年，就成了港九一带的顶尖选手。1957 年，当时独霸乒坛的日本乒乓球队访港，这个毛头小伙居然把世界冠军荻村打了个 2:0，名声大振。

香港是商业社会，这个未谙世事的年轻人马上面临金钱的诱惑，有人出钱要他打假球，有人暗中做手脚让他比赛出局。正直单纯的容国团对此很不习惯，毅然放弃在香港的发展，要求加入广州体院为祖国打球。1957 年底，刚满 20 岁的容国团，跨过了罗湖口岸。这一跨，也成就了中国乒乓球半个多世纪的辉煌。

他用日记记下了那天的心情：“这是我走向新生活的第一天。”

1959 年 4 月 5 日，在德国多特蒙德举行的第二十五届世界乒乓球锦标赛最后一项比赛正在激烈进行，一边是九次世界冠军得主匈牙利老将西多，一边是初生牛犊容国团。四局鏖战后，容国团以 3:1 胜出，新中国第一个世界冠军在这一天诞生。半年之后，周恩来总理在庆祝新中国诞辰十周年时说，当年有两件喜事，一是容国团夺取世界冠军，一是新中国十年华诞。

中国最有名的乒乓球产品商标“红双喜”就由此而来。

天才一击○张连伟

出生于珠海市南水镇的普通农家／以球童的身份开启中国高尔夫运动／中国高尔夫第一人

张连伟

珠海南水镇人，中国职业高尔夫运动的传奇人物。第一位赢得欧洲常青巡回赛赛事的中国内地球手，第一位夺取欧巡赛冠军的中国内地球手。

1984 年，霍英东和郑裕彤出资建设的中山温泉乡村高尔夫俱乐部建成。这是中国第一座高尔夫球场。那时，中国人没几个知道高尔夫。

1985 年，中高协成立。同一年，珠海国际高尔夫俱乐部建成。当时的球场里，连球童都没有，年满 20 岁的珠海田径运动员张连伟稀里糊涂地答应去球会做一名“球童”。

张连伟出生于珠海市南水镇的一个普通农家，中学时代曾经创下过学校的标枪纪录，从而走上了运动生涯，然而家境贫寒，靠运动员的微薄薪资根本无法接济家用。做球童虽不是张连伟的意愿，但有小费收入，在那个时代算很难得了。张连伟半是懵懂半是无奈的选择，却成就了后来的一段宏大叙事。

有着体育天赋的张连伟，尽管之前对高尔夫一无所知，却很快爱上了这个白色小球。因为打球的人并不多，空余时间张连伟就自己在场地里偷偷练习。熟悉高尔夫规则的人都知道，球童在场内私自练习是犯大忌。当时的球会经理日本人业天光雄早就注意到张连伟违规练球，却认为这个小伙子模仿打球的动作像模像样，认定他是个颇有高球天分的苗子。所以，他非但没有处罚张连伟，反而成了他的第一任教练，并破天荒地允许张连伟每天下午在场地里自己练球。

在观众的眼里，球道上的高尔夫运动员靓丽光鲜，这背后的训练却是外行人很难想象的枯燥艰难。更何况在那个年代，大多数中国人并不知道高尔夫是一种什么运动，寂寞和孤独是更大的考验。就这样，张连伟以一个球童的身份，开启了中国高尔夫运动。

1989 年，接触高尔夫仅三年多的张连伟，获得了第一个全国业余高尔夫比赛冠军，并且在 1991 年之后连续四届蝉联冠军。1994 年，张连伟以业余球员的身份获得亚运会男子亚军，并于当年被中高协破格转为职业球员。

此后，作为中国高尔夫第一人，张连伟的每一次比赛都肩负着国家荣誉。从 1995 年开始，他连续获得马来西亚名人赛、泰国名人赛、亚洲比洞赛、澳门公开赛（亚巡赛）、新加坡大师赛（欧巡赛）、沃尔沃中国公开赛等多项冠军，成了中国高球当之无愧的领军人物。

张连伟的故事只是珠海高尔夫运动的一个精彩桥段。一个体育产业成就了一个体育明星，一个明星也推动着一座城市高尔夫运动的兴盛。

珠海是中国高尔夫运动的发祥地，地理位置和宜人的气候让珠海成为发展高尔夫运动的理想城市。1985年，中国第二家高尔夫球场——珠海国际高尔夫俱乐部在美丽的唐家湾落成，球场背山面海，视野开阔，全程7000米，是一个极具挑战且有趣的18洞、72杆国际标准球场。球场开启了珠海高尔夫运动的大门，这里不仅诞生了中国第一个高尔夫冠军，也让珠海成为世界高尔夫运动爱好者最喜爱的城市之一。

2003年，由科林·蒙哥马利设计的珠海金湾高尔夫俱乐部再次为珠海的高尔夫舞台增添魅力。俱乐部位于金湾区，包括一个18洞和一个9洞灯光球场。球场设计贴近自然，球道周围水域环绕，青翠的球道与透碧的湖水相辉映，令人赏心悦目。造型独特的沙坑和变化多端的海风也时刻考验着球员的应变与智慧，充分显示传统苏格兰风格球场的迷人风采和国际赛场的魅力。俱乐部的苏格兰龙鹰球场（C场）是珠海唯一的灯光夜场。仲夏夜，球手们在无垠的绿色中享受国际高尔夫锦标赛场的至尊乐趣。

珠海翠湖高尔夫球会坐拥南山的迷人景致。茂密叶林和潺潺流水之间，两个18洞球场皆由著名的美国高尔夫球场设计建筑师J·迈克尔·坡列特打造，设计师利用原始地形在翠湖380英亩辽阔的土地上雕塑了两个绝佳的球场。坡列特极富个性的创作技巧，在这个拥有72标准杆数的山岭球场发挥到了极致，球道及水塘障碍的分布集天然与人工之美，更富有诱人的挑战性。

目前，珠海已经有四家国际水准的高尔夫俱乐部和多家练习场，是世界各地高尔夫球爱好者心中的高尔夫之城。

格拉芙，为珠海代言。

珠海 WTA 超级精英赛

2015 年，国际女子网球协会 (WTA) 在珠海开启了一项新赛事——珠海 WTA 超级精英赛。连续五年，每年 WTA 年终总决赛之后的一周，排名前 20 但未能进入年终总决赛的球员组成本项赛事的主要参赛阵容，包括单打和双打。单打比赛共 12 名球员出战，包括一名外卡选手，双打阵容为 6 对组合。赛事的总奖金额为 221 万美元，2017 年增加到 228 万美元。珠海 WTA 超级精英赛是在中国举办的第六项 WTA 级别赛事，WTA 专门为珠海设计和打造了各项比赛设备。

2015 年以来，每年 11 月，横琴国际网球中心都会上演一场有众多网球女星出席的体育盛会。担任 WTA 超级精英赛全球形象大使的格拉芙，让赛事和珠海的城市风采名扬世界。

为珠海的赛事和城市代言，没人能比她做得更好。

上世纪的世界网坛，格拉芙是一个极致的存在。这个 13 岁就进入职业网坛的德国姑娘，在 17 年的职业生涯里，高居世界排名第一 377 周约七年之久，至今依然是世界男女网球运动员之最，成为无法复制的辉煌。格拉芙在 1988 年完成的“金满贯”至今无人超越。

没人质疑格拉芙的球技，但人们更赞美她的人品。她谦和守信、优雅随和、尊重对手、自律自爱，几乎完美诠释了网球这一贵族运动所崇尚的所有内涵。退役隐居后的格拉芙，没有一丝超级明星和富豪的张扬与乖戾。记者问，“你希望大家怎么记住你？”格拉芙答，“一个幸福顾家的母亲和妻子”。

2013 年，格拉芙婉拒了 WTA 成立 40 周年庆典的邀请。然而，2016 年到 2018 年，低调含蓄的格拉芙三次出现在珠海，不远万里来赴一场网球之约。在这座东方的滨海之城，格拉芙一如既往地优雅、含蓄，和主办方之间的配合堪称和谐。在港珠澳大桥的桥面上，她表演了精彩的网球秀；在国际网球中心，她洋溢着慈母般的微笑，真诚应对每一份签名和每一张合影；她和帕芙柳琴科娃一起登上了珠澳地区的第一高楼——珠海中心，向全世界奉献了一场330米高空的网球表演赛；在航空工业通飞珠海基地的停机坪上，与中国名将王蔷和比利时名将梅尔滕斯等上演了一场别开生面的机坪网球秀。

格拉芙给WTA赛事官宣里留下了一段话："让我们在中国最宜居的城市珠海，一齐见证网坛未来力量的崛起。"从级别和奖金数来说，WTA珠海精英赛都不是中国最高规格，但风起青萍之末，格拉芙珍视的，是网球和一座城市的未来。

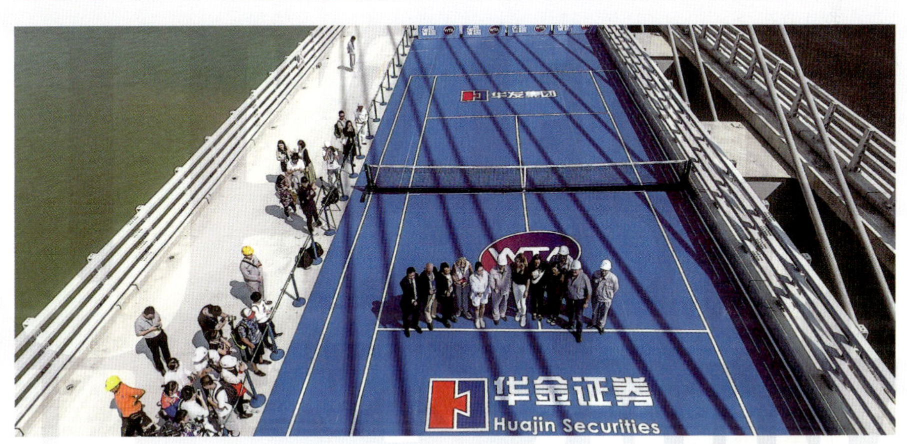

碧海白帆。

一座城的亲海梦

依山傍海的“百岛之市”，让珠海人对于大海有一种先天的亲切感。走在情侣路上，总能够看到远处帆影点点，这一片蓝天碧海，是帆船帆板爱好者和运动员的天堂。

2016 年、2017 年两届全国帆船帆板锦标赛在珠海举办，这是目前中国帆船项目规模最大、规格最高、最具影响力的国家级体育赛事之一。2018 年，珠海又举办了粤港澳大湾区帆船赛，经历过这些专业比赛的熏陶，海上体育休闲运动已成为珠海人的新时尚。“千帆进校园”“千帆进社区”的活动也让帆船帆板运动深入人心。

速度与激情

○珠海国际赛车场

珠海的浪漫，远不只是绵柔的海岸。这座城市从不缺速度与激情。

珠海国际赛车场是中国第一个永久性的国际赛车场，建成于 1996 年，同年举办了中国历史上第一次在国际级赛车场进行的国际赛事。这条获得 FIA（国际汽车联合会简称国际汽联）批准的赛道长 4.3 千米，建有 10 个右弯和 4 个左弯，大直路长达 900 米，为世界一流赛车手提供了极具挑战性的弯道。珠海国际赛车场也是亚洲地区的赛车中心，曾举办过国际汽车联盟 GT 锦标赛。

1999 年， 著名的德国 F1 赛道设计公司 Tilke GmbH 对赛道进行了升级改建。

珠海曾经进入 F1 赛程的候补名单之中，引起全世界广泛关注。近年来的国际汽联（FIA）F4 中国锦标赛珠海站让珠海国际赛车场再度热闹起来。F4 是 FIA 力推的一项普及型方程式赛事，旨在为年轻车手搭建一条从卡丁车到 F4 再到 F3 最终升入 F1 的晋升之路，也标志着中国有了与国际接轨的方程式赛事。

王者荣耀

2018《英雄联盟》德玛西亚杯珠海站

2018《英雄联盟》德玛西亚杯珠海站于6月3日在横琴国际网球中心落下帷幕。比赛吸引了8支国内顶尖职业战队参赛，充满时尚气息和青春荷尔蒙的竞技为这座年轻的城市再添炫目的一笔。

《英雄联盟》德玛西亚杯是由腾讯游戏《英雄联盟》主办的一项竞技游戏大型赛事，始于2014年，已登陆北京、武汉、青岛等城市，汇集国内两大联赛（LPL&LDL）顶尖职业战队参赛。2018年的赛事是腾讯“电竞运动与城市发展计划”的起点，也让珠海成为了这个计划的第一站。

2018《英雄联盟》德玛西亚杯珠海站现场

世界级的欢乐海洋

长隆海洋王国

海洋王国——体验潜水极限运动——马戏大秀——全球最大的海洋主题度假区

长隆海洋王国的帝企鹅馆汇集五大极地明星：帝企鹅、王企鹅、阿德利企鹅、白眉企鹅、帽带企鹅。

假期来临，蜂拥的游客跨过横琴大桥奔向同一个目的地——长隆。人在路上，心早已奔向梦想中的海洋王国。

巨大的鲸鲨在你的头顶游弋，像一座带着水花的巨大白色山峰从天外飞来，它的鳍几乎与你擦身而过，两万多条魔鬼鱼、鲨鱼、海龟等珍奇鱼类近在眼前。巨大的亚克力玻璃将海底的视界拓展到最壮阔的限度，带来从浅海畅游到深海的奇趣和无敌奇观。

和大熊猫一样，海豚永远激发人类的爱怜之心。"海豚湾"聚集着世界各地的海豚，聪明伶俐的瓶鼻海豚、斑点海豚与人一同上演水中芭蕾。"水上大熊猫"天赐的粉红色皮肤和与生俱来的上扬嘴角，一个浅浅的微笑瞬间萌化你的心。海豚是人类心灵的医生，每天带给 6000 位来自世界各地的观众发自内心的欢乐。

2016 年，一只小帝企鹅在长隆成功孵化，创下了亚洲最低纬度诞生帝企鹅的纪录。如果有幸，你可以在这里亲眼见证帝企鹅宝宝的成长。横琴长隆拥有世界最大的帝企鹅馆，汇集五大极地明星：帝企鹅、王企鹅、阿德利企鹅、白眉企鹅、帽带企鹅。

2018 年暑期，中国第一个将 5D 原创动漫 IP 与主题游乐相融合的主题景区"英雄岛"开园，电影中的 5D 动漫元素在这里成为现实场景。海怪塔、企鹅过山车、丛林过山车三大亲子游乐设施，融合真实的动物、动雕表演，巡游演出等主题演艺，是孩子们会牢记一生的梦幻体验。

长隆的深度探秘海洋体验项目也让很多人乐不思蜀。“海底夜宿”让你在鲸鲨馆与巨无霸鲸鲨“共眠”。孩子们在曼妙的乐音中听着睡前故事，感受夜晚海底的神奇。

成年人可以在专业教练的带领下深潜到海底，体验极限的欢乐与刺激；或者在海豚岛潜水，与海豚共舞。

国际马戏城是长隆的另一个重头戏。走进巨大的“魔戒”，你就进入了一个魔幻之地。作为中国国际马戏节的举办地，这里汇聚了法国“明日与未来”国际马戏节、摩纳哥“蒙特卡洛”国际马戏节等世界金奖马戏节目。

大型马戏《秘境奇技》如梦似幻，汇聚来自全球二十多个国家和地区的马戏大秀，一幕幕精彩马戏让人叫绝。

更多的精彩在夜晚上演。烟花汇演、水上飞人、大型花车汇演展示着“王国”的缤纷活力和国际风情，一次次刷新人们的感官体验。

在全世界范围内，唯有这个包揽七项吉尼斯世界纪录的全球最大海洋主题度假区可以与迪士尼抗衡。“长隆”已获得全球主题娱乐行业“奥斯卡”级大奖，也是中国入园人数第一的主题乐园。

在这座抒情的治愈之城，海岛不只是诗和远方，也是滚烫的都市脉搏和城市的未来。被外来宾客艳羡的绝美海岸线，却是身处在这片海阔天空之中的人们之日日所见，这大约就是珠海人独享的福祉了。

百岛之歌

岛在城的航线上，城在岛的视线里。山是海浪回家的方向，海是山痴情的倒影。

岛与城、山与海、心与浪，像是飞鸟与鱼的美妙距离——始终唱和，永不分离。

岛歌○

人类的初始，大约是一场蓝天白云、青山绿水的图景。后来，这样的图景成了都市人的梦境和向往。

海岛，大约是造物主为偶尔需要『去远方』的群居人类预设的目的地。跟随飞鸟到海的另一边，在一个从陆地不容易到达的孤立空间里，见天地、见众生，见自己。

从这个意义上说，珠海人是何等幸福。在这个一半与海相连的城市里，可以随时离开陆地，投入无边无际的蔚蓝。悠长的海岸线，如同一个不会结束的长镜头，行走在其中的你我他，都成风景。无需退一步，海阔天空触手可及。

岛在城的航线上，城在岛的视线里。

山是海浪回家的方向，海是山痴情的倒影。海浪夜夜温柔，拍打着你的心，星空时时点亮你心中的希望。岛与城、山与海、心与浪，像是飞鸟与鱼的美妙距离——始终唱和，永不分离。

漫长而酷热的夏日，可达 100% 的湿度，挡不住这座城市的蔚蓝诱惑。“珠海”是名副其实的“珍珠之海”——147 余个天然海岛如同一颗颗珍珠，依偎在绵长纯净的海岸线上，为气势磅礴的海景添万种风情。

在这座抒情的治愈之城，海岛不只是诗和远方，也是滚烫的都市脉搏和城市的未来。被外来宾客艳羡的绝美海岸线，却是身处在这片海阔天空之中的人们之日日所见，这大约就是珠海人独享的福祉了。

野狸岛

在海之滨，在市中心

名亭公园／日月贝／市中心的森林公园

野狸岛与城市陆地的距离，近得已经模糊了岛屿的属性。在当地人的眼中，这是一个随时可以踏进的海边森林公园，而“野狸岛”这三个字，几乎已被“名亭公园”代替，后者成了外地游客按图索骥时用到的字眼。

不到 0.3 平方公里的小岛，西距大陆仅 400 米，是海平面与这座城市最初的连接，仿佛是造物主有意在城市中央的海岸线边上安放的一个六分仪。

若想证实这还是一座岛，只能走近临崖的海浪了。

小岛一侧是珠海大剧院——珠海的“伦敦眼”。白昼时，两扇欲开欲合的巨型白色贝壳耸立在一片湛蓝之上；蓝黑的夜幕中，贝壳闪着七彩的光，成了附近居民每日享用的海上烟花。“日月贝”是这座充满艺术情调的城市的最美地标，也让一个微小的岛成了一座城市的文艺心脏。在这里，一年四季有国际级的艺术盛宴，璀璨的文艺之光照亮整座城，植入人们的生活日常，孕育出不凡的城市品位。

野狸岛附近曾经是珠海的渔业码头，至今还有渔船停泊，引来无数觅食的鹭鸟。

环岛的骑行道是自行车爱好者们的天然赛道。

3.5 公里长的环岛路，一半是依海傍山的草坪，一半是绿道，沿绿道骑行可轻松绕岛。

3.5 公里长的环岛路旁，依海傍山的草坪是在春光里放风筝的天堂；岛内的登山步道是晨练的上佳之选。岛虽有四峰，最高处海拔却不过几十米，沿山间绿道骑行可轻松绕岛。夜幕下的野狸岛也是夜跑者的首选，汩汩的海风里，香洲渔港半个多世纪前的鼎沸仿佛还在灯火阑珊处。

海韵城毫无疑问是建在海岛上的商业综合体之最，是一艘都市的欢乐巨轮，日夜上演海上嘉年华。6.4 万平方米的空间舒展在大剧院四周，大大小小的广场、错错落落的商店、高高低低的平台是海韵城的结构主体；闪亮的繁星街灯、多元的品牌服饰、书香、咖啡香、川粤湘鲁淮各式菜系在这里登场。在小广场上听着歌手弹唱是一份情趣，回到咖啡店的窗口看时尚男女也是情趣，在书笙书店淘本新书也是情趣。玫瑰花墙吸引着女生们想象自己出嫁的场景，圣诞夜的星光和雪花是北欧的异域情调。

海韵城毫无疑问是建在海岛上的商业综合体之最，是一艘都市的欢乐巨轮，日夜上演海上嘉年华。

淇澳岛

岛非岛，非常岛

唐家湾镇北／
一座桥让岛不再是岛／
六车道的环岛路／
珠海最早有人类居住的地方

长长的淇澳大桥将淇澳岛与城市联通。

要找清净，最好避开周末上岛；但若想遇见一场岛上派对或者在咖啡的浓香中来一场完整的文艺之旅，这里周末的一切都会合你意。

不远离尘嚣却在城市之外。1486 米长的淇澳大桥将岛与城市腹地联通，从陆地进入海岛只需 60 秒。所以，从空间上来说，淇澳岛让人感觉不是一座岛，丝毫没有寻常渔岛那般曲折难行。

二十多年前，有识之士想从唐家湾起跳，在这个岛上借力弹跳，跃上内伶仃岛，然后发力飞上屯门，灵巧的三级跳直达香港。这个伶仃跨海大桥的计划最终未能如愿，却成了造桥的动因。从唐家到淇澳的这座桥，让这个位于穗港澳金三角中心的岛从此不再孤立在伶仃洋上。

淇澳岛扼守珠江出海口，淡水和咸水在这里融合，从历经 280 年依旧青翠欲滴的大榕树可见岛上极佳的水土。这里也是濒危动物的天堂，红树林内的候鸟保护区啾鸣不绝，稚鸟嘤咛，蝴蝶伴着浪花飞舞。极其丰富的自然生态造就空灵秀逸、如诗如画的“九湾十八峰”。连绵的山岭是这里的独特风景，最高峰是岛东北的望赤岭，山旁的清泉是主要水源地，冰爽的水质最合上好的普洱。

偏安一隅又如此宜居，岛上因而有相当数量的原住民。常住居民中有相当一部分是外来者，到了这里就不舍得走了，于是租下一间民宅，改造成自己喜欢的模样，休养生息。

岛的历史也耐人寻味。原始面积不足 18 平方公里的岛上有多座庙宇，还有珠三角保存最完整的新石器时代末期渔猎文化遗址。后沙湾、东澳湾等处出土的大量距今约 4500 至 5000 年的彩陶和白陶，是珠海最早人类活动的证据。

淇澳岛的非同寻常，还因为白石街。

一千多米长的花岗岩路是岛的主街，以此街为轴，街巷在四周散枝开叶，平行的天和街、交错的蔡家巷、南腾街层叠交织成一个微缩版的城。街宽不足两米，却曲曲折折将近两千米，在长与宽的极致比例中足可见构想者的心思。白石街历经两百多年的岁月洗礼，更显神秘与优雅。

白石街也是一条用棉与丝锦搓成的线，拙朴与华美被揉在了一起。白石街的头就起得不凡，入口的一边是勇者抵抗入侵外族的炮台，一边是妈祖的天后宫。一边文、一边武，神与人共同的护佑，大概是这条街百年屹立的缘由。

当然，真正铸就这条街的，是淇澳人勇敢的心。岛上的金星角曾是鸦片战争前夕英美商人走私鸦片的驿站，而白石街是中国历史上抗英斗争中取得首次胜利的见证——1836年夏，岛民奋勇将英美商人驱赶出境，迫使英商赔偿3000两白银，修筑了这条街。虽然在中英两国的官方档案中都没有找到相关记录，但淇澳人一直骄傲于这口口相传的历史。

白石街的石板下藏着一条至今通畅的排水沟，显然是为多雨的气候而设。晴朗的早晨，石头泛着鹅蛋壳的青色；傍晚的斜阳又会将它染出琥珀般的光泽；阴雨的日子里，石头又成了一方方研磨千年的古砚，漫射出时间的光泽。

窄窄的街两边，高墙围起一个个小院。院门向街，两堵灰墙，红花遮去了半个门廊，老龙眼树的金黄漫出墙来。后来改造过的院子多半是两层小居，露台栏杆上缭绕着各式藤花。文艺青年从全国各地来到珠海扎根，把这条街变成民宿、咖啡、餐厅的落脚地。即使如此，白石街依然安静，只在周末时，白裙单反的文艺女青们纷纷来这里打卡，咖啡香绕着小街游走。

白石街上处处是惊喜，非常适合漫无目地的游逛。初来乍到之人常会被两边小巷里的精美小店和老屋引诱，忘记时间、迷失来路。误入一个小山坡，会看到茂林下的镇山社和几处古井，一方浅水映着蓝天，从井边的水迹可以知道刚有人来过。

白石街有多处不经意的小曲折，每到曲折处，你都以为路

01

02

01/03 除了民宿和小店，白石街上还居住着不少原住民，他们晒晒鱼虾，聊聊家常，一天就这样愉快地过去了。

02 白石街的入口处是勇者抵抗入侵外族的炮台。

03

01　苏兆征（1885-1929 年）

珠海市淇澳岛人，原名苏吉。1908 年参加同盟会，1925 年加入中国共产党，曾当选为中华全国总工会执行委员会委员，是中国共产党早期重要领导人之一。苏兆征与林伟民等一起领导了香港海员大罢工，与杨殷等组织和发动了省港大罢工，是国际工人运动活动家。1928 年 8 月，苏兆征出席共产国际第六次代表大会，当选为大会主席团成员和共产国际执行委员会委员。

02—03　白石街处处是惊喜，非常适合漫无目地的游逛。初来乍到之人常会被两边小巷里的精美小店和老屋引诱，忘记时间、迷失来路。

01

02

03

将尽，一折一弯却又是一个新鲜小天地，直到街尽头的苏兆征故居。苏兆征早年跟随孙中山加入同盟会，1925 年领导了著名的省港大罢工。革命家的故居已经修缮，成了苏兆征纪念馆。

出白石街，眼前一片开阔，百年古榕庇荫着祖庙、祠堂和各路神仙。一条老街从天后宫开局，以祖庙收尾，妙不可言。

沉浸在深巷之中时，你会忘了自己身处海岛，但回到环岛路，海的气息立刻浓烈起来。夕阳斜照，回城的游客跨过大桥，繁华的城市就在眼前。

红树林湿地

岛西北部的红树林湿地是中国人工恢复最早、面积最大的红树林湿地，也是国际公认的最具自然和人文价值的生态和谐景观之一。总面积达 5000 多公顷的湿地和 700 公顷的红树林奇景，被誉为“珠海湿地生态名片”，是都市“森旅行”的代言，也是这座城市对自然的热爱和悉心照料结出的一朵璀璨之花。

红树林生长在陆地与海洋交界带的滩涂浅滩，是以红树植物为主体的灌木、乔木、草本、藤本植物组成的动植物群落。

这一片水鸟遍布的原始“海上森林”，在潮涨潮落中时隐时现，宛若从远古飞来的魔界，让人心生对万物生长的敬畏和与植物相处的愉悦。

发达的植物根系和高大的枝叶有效阻隔了陆地来沙和风浪的侵袭，并神奇地净化着海水和空气。无瓣海桑和杨叶黄瑾投下碧绿的浓荫，海潮不时涌入，浸没树木。多样性的植物带来更加多样性的动物，这里因而也成了无数海鸟的栖息地和各种候鸟的迁徙中转站。

外伶仃岛

彼岸花

文天祥的绝唱之诗/与大屿山和将军澳一水之隔/金腰带缠绕的海上花

外伶仃岛的礁岩和沙滩是观赏日落的最佳位置。

人们知道伶仃岛是因为零丁洋，知道零丁洋是因为文天祥。

南宋末年，家国已被逼入绝境，身为国家重臣的文天祥被俘，押解途中路过零丁洋，写下了《过零丁洋》，成为绝唱。山河破碎的惶恐、身世浮沉的零丁之情，让这片洋面似乎从此笼罩在凄风苦雨的文化符号之中。

不过，今天的外伶仃已不是孤悬海外的苦旅之岛了，文天祥的叹息早已褪去，岛上是一派闲散度假气氛。从香洲港出发，与闪着珍珠般光泽的“日月贝”擦身而过，穿过港珠澳大桥的巨大悬索桥墩，在那一片蓝色深处的，便是外伶仃。1 小时 20 分钟的航程，还不够看海的湛蓝和云朵的变幻。

最好选择傍晚时分到岸，浑圆的岩石构成的海岸线在金色的暮光下闪闪发亮。“石”“海”“云”是外伶仃的三原色，也是这座岛给上岸者的第一个惊喜。沿着南边的海岸线，用岛上的金黄色花岗岩铺就的步行道高低错落，如同一围金色的腰带缠绕在海面上。

最初得名“外伶仃”，因为此岛伶仃而立，且在内伶仃之外。岛北距香港的大屿山和将军澳仅 6 海里。晴好的白昼，在岛上可将青马大桥与九龙的熙攘尽收眼底，海面升腾着车水马龙的景象，薄雾下的远方有高楼、大桥和幻境般的小山轮廓，大屿山赤鱲角国际机场频繁起落的飞机从海上高高扬起，又从蓝天轻轻滑落。许多年前，纯朴的渔民们不知那是香港岛一隅，深信对岸是一座海市蜃楼。

01

02

03

01　红白相嵌的栏杆围绕着的相思林酒店面朝一片碧蓝，演绎着地中海的风情。

02-04　外伶仃岛算得上天生丽质，山海兼得。从中心广场向北，沿盘山公路或者拾级而上，奇石在如薄绢的白云的缠绕下忽明忽暗。

04

也许，在对岸人的眼中，彼时的外伶仃岛也是令人遐想的蓬莱仙山。遥望蓬莱而不知自己亦是蓬莱中人，恰恰是此岛的妙处。这种美丽的错认，也成了外伶仃的美好。

这里也是珠三角进出南太平洋国际航线的必经之地。每天都有一艘艘各国的大型货轮停泊在洋面等待入港，橙色、红色、绿色的船只点缀在若隐若现的城市天际线前，如同浮槎，更添了蓬莱的意境。

在珠海大大小小 147 余个岛屿中，外伶仃岛算得上天生丽质，山海兼得。主峰伶仃峰更常用的名字是石景公园，海拔 311.8 米，山体表面裸露着大大小小、重重叠叠的圆形卵石。从中心广场向北，沿盘山公路或者拾级而上，奇石在如薄绢的白云缠绕下忽明忽暗。红白相嵌的栏杆围绕着的相思林酒店面朝一片碧蓝，演绎着地中海的风情。蹬上 99 级台阶就到了北帝庙，听钟声在涛声中弥漫成亦真亦幻的梵音，此谓“北帝晨钟”。路过观景台小憩片刻，从山间眺望洋面，海岛如同棋局，在阳光与云朵相互追逐的游戏中，海水时刻变幻着颜色。太阳是炙热的灯、云朵就是皮影，而大海如同银幕，一出出光影大戏随时上演。

看着这一场大自然的光影秀，山顶已在眼前。巨大的花岗岩历经风雨和海水的侵蚀，似乎已得道成仙，变幻出人形走兽。其实，整个海岛上大大小小的圆石都好像有灵性，随四季的更替、阴晴的变化，在急雨中怒吼、阳光里欢笑、星光下低语。

沙滩、石滩、观景亭台是最好的日落观赏地。晴朗的日子，太阳从云层后落下，给海岸线镶上金丝线，往来的渔船成了剪影，在嫣红的幕布下缓缓移动着。

4.23 平方公里的小岛上，极大部分是山地，客运码头所在的伶仃湾广场是一片难得的平坦之地，自然成了整座岛的商业中心。

外伶仃岛的海鲜市场每天都有最新鲜的海鲜上市。

名声在外的外伶仃“三宝”——将军帽、海胆、狗爪螺是岛上所有餐饮的招牌。

外伶仃岛极大部分是山地，客运码头所在的伶仃湾广场是一片难得的平坦之地，自然成了整座岛的商业中心。

沙滩和观景亭台是最好的日落观赏地。

在没有成为旅游岛之前，外伶仃岛只是一个单纯的渔岛。如今，休渔期越来越长，渔民们在休渔期间会离开海岛进城，休渔期一过，岛上的渔业恢复忙碌。从码头一路向北，路过海鲜市场后就是真正的渔业生活区，大量的渔业机电和海上作业设备自成一景。名声在外的外伶仃“三宝”——将军帽、海胆、狗爪螺是岛上所有餐饮的招牌，且不在禁渔范围之内。在这里，连早餐的肠粉都有海胆风味。

离开之前，别忘了去阅潮岛上书店独处片刻。书店门口的绿色邮筒和一幅蓝色的墙画就已经向访客发出了强烈的文艺信号，书店的选书更是调性十足。

点上一杯店长拿手的冰滴咖啡，安坐在户外的遮阳伞下，在白兰花的悠香和沁人的海风中翻阅一章加布瑞埃拉·泽文的《岛上书店》，再挑选一张明信片，盖上岛上书店的印章，寄给过去，或者未来，这一趟外伶仃之旅才算圆满。

去阅潮岛上书店独处片刻，在海风中翻阅一章加布瑞埃拉·泽文的《岛上书店》。

东澳岛 巨石阵里的神秘岛

明清两代的重要海防前线／从香洲港出发五十分钟船程可达／钻石沙滩水清沙幼

东澳岛的黄金海岸线

东澳关遗址

神秘宝藏是经典海岛故事里的重要桥段。

嘉庆元年（1796 年）是龙年，占据广东南海一带的大海盗张保仔大概觉得自己的人马正如日中天，一时兴起让军师写下“万海平波”四字，勒于东澳湾的巨石之上。从东澳客运码头沿环岛步道向北走几分钟，登上陡峭的石阶，这块巨石和张保仔当年的张扬就在眼前。

“万海平波”每字足有一米见方，魏碑的笔法中有着东晋名碑《好太王碑》的味道，笔走之势里颇有英雄之气，拙中带蛮，透着几分海盗的邪气和附庸风雅之意。书写者“天台胡一雷”已不可考，但浙江的天台自古出文人和海盗，仅凭“天台”两字就可分辨个中意味。不想 20 年后，这位自称上帝的海盗就被征剿。传说，兵败临走前，大势已去的张保仔在岛上藏下十八箱财宝。岛上民谚云：珠宝十八箱，箱箱十八行，谁能得到它，早喝粥来晚宰羊。也有人说，宝藏的位置和密码就藏在阴刻的“萬”字草字头中，两朵三瓣梅花般的图案分明在暗示着什么……

从香洲港坐船出发，大约 50 分钟可到达这个位于万山群岛中部的绿洲。船靠岸，迎面是高达 82% 的森林覆盖率生成的清冽空气，深吸一口，恍若新生。

1796 年，大海盗张保仔一时兴起让军师写下“万海平波”四字，勒于东澳湾的巨石之上。

明清时期，东澳岛是万山群岛中最繁华的岛，岛上居民曾达到3000人，后因战乱导致人口内迁，几近荒芜，植被异常凶猛地生长。据说多年之后当人们重新上岛的时候，海岛已经是植物称霸的世界。

所谓“澳”，是指海边的水湾，风浪小，可停船。东澳岛东侧的“澳”却深而长，楔入中部约一千五百米，像一个网袋深深垂向陆地，澳内却又风平浪静。原住民们在这个“网袋”里盖房居住，形成市集，游客码头和餐馆、商店也都集中于此。这个水湾也是看日出的极佳角度。

东澳湾的东侧，自古是商船的停泊地，鸦片战争后，英国占领香港，清政府将海关移到东澳岛，向往来船只征税。流连在风景中的人，容易错过环岛步道北端的海关遗址，这一点断壁残垣却是近代中国对外交往和贸易之路的缩影。

澳口的山脊上，建于清雍正七年（1729年）的铳城记录了一段战火与血肉的往事，早在1987年就被列为市级文物保护单位。城墙用糯米浆、沙土和石块砌成。四方的围城，只有一门出入，被一棵巨大的古榕树至今守护着。城墙无力抵挡的，只有生猛的海风了。沿左右两部石阶往上走，炮台和悬崖边的烽火台依然有迹可循。三门铁炮面朝大海，威风依旧，守护着东澳湾，就像当年守护着南中国的门户。

岛上风景南北各异，沿岸多危崖，巨石林立。全岛非常完整地保留了原始生态，四周海域水质毫无污染。斧担山、蜜月阁、大竹湾、东澳湾构成四平方公里的独特风光。葳蕤的植被勾勒出的小景温婉可人，蜜月阁可远眺澳门凼仔大桥。

移步海边，水清沙幼。最令人流连的，无疑是三处沙滩（南沙湾、大竹湾、小竹湾）中最迷人的南沙湾“钻石沙滩”。一湾浅浅的碧海镶嵌着金色的沙滩，这里聚集着岛上所有高端酒店，沿着沙滩有步道和休闲广场。这一片细腻洁白也是万山群岛一百多个岛屿中的唯一，几乎不含一丝泥土，绵软得仿佛能在掌心的温度里融化。

格力东澳大酒店的进入，大大提升了岛上的旅游设施，环岛公路通向大部分景区。250米长的南沙湾沙滩将酒店的两座主楼天然相连，落地玻璃外一片巨幕海景，是很多人梦里都不曾见过的奇观。

守护着东澳岛的将军岩。

三门铁炮面朝大海，威风依旧，守护着东澳湾。

环岛步道沿岸多危崖，巨石林立。

真正热爱大海的人，一定会沿着 11.8 公里的环岛山间步道徒步。步道从岛西侧的南沙湾向北，在岛的尽头向南折，直到旅客码头。选择清晨或者傍晚出发，全看你偏爱日出还是晚霞。

步道倚山而行，铺路的石材取自山中的金黄色砂岩，晨夕之下色如琥珀。如果从南沙湾上步道，可观赏西边的危崖和海天。沿海多巨石山崖，葱茏的山插入大海，碧玉般的海水拍打着金黄色的乱石。远处，阳光随云彩忽明忽暗，海天相接处，白色的风电机阵列在蓝天下旋转。步道北端的东澳头是一片突出在海上的山岩，让人有仿佛进入了好望角的错觉。这里巨石林立，最出名的是将军石，临海迎风而立，身后不远处就是铳城和烽火台。

东澳岛盛产“将军帽”——一种肉质脆韧，有类似鲍鱼口感的冬季小海鲜，不容错过。

东澳岛一带的海浪频繁，强度却温婉，海水清澈，所以这里也是弄潮儿的天堂，冲浪、飞艇、垂钓、风帆、独木舟、摩托艇任你选。你可以在 15 公里的黄金海岸线上与破开的浪花肌肤相亲，撑起一片帆随波逐流；或者乘摩托艇海上兜风；或者潜到水下探索另一个世界的绚烂；或者拼一场沙滩足球；或者，什么也不做，闲坐在沙滩上，直到篝火燃起，漫天星斗，再来一杯特调的 Mojito。

如果你有足够的时间和勇气，在听风赏海的同时，或许能揣上一张潜水证登上回家的客船。

东澳岛肉质脆韧的冬季小海鲜

万山岛 太阳照常升起

珠江口外最南端／古树林里的静云山庄／海钓／浮石湾／石斑鱼和荔枝螺

绵长的环岛路适合日暮时的漫步或骑行。

在香洲港上船，船上慢悠悠将近一小时，海面如流淌的碎银，昏昏欲睡中的抵达也是去万山岛的乐趣之一。船靠码头的一瞬间，鱼腥和熙攘和着令人眩晕的阳光扑面而来，才真正体会美好的东西总不是轻易能获得。

大万山岛原名老万山，地处珠江口外最南端，岛上居民的祖先是清乾隆五十年(1785 年) 前后迁入的农民。咸淡水碰撞出的丰腴，曾经让岛上的居民达到五千余人，甚至有人说岛上曾经有自己的大学。

外海之上，远离尘嚣，让这个 8.1 平方公里的岛在海岛旅游兴旺的今天依然绮丽得如同一幅油画，日出、日落和夜空都是远古的味道，一天三班的客轮丝毫不打扰这里的散淡，一切声音都依然是自然的声音。如今的大万山，原住民只剩下两百多人。岛内整洁宁静，充满野趣，陡峭达 45 度的盘山公路直通蓝天云海，绵长的环岛路适合日暮时的漫步或骑行。稀疏的游人和肤色黑亮的原住民在盘山小路上擦肩而过，互不干扰。

隐匿在古树林中的静云山庄低调得让人找不到入口，30 间海景客房顺山势而建，不折岛上的一花一木，整个酒店于是成了一座百草园，终日鸟鸣不绝，夜晚蛙声一片，百年树干上结出成片无花果。一棵古榕怀抱着面朝大海的无边泳池，繁茂的枝叶撩拨着闪亮的水面。几百年的古树和奇花异草是山庄最美的风景和最珍贵的资产，转角处那棵枯木逢春的荔枝树，是大自然对这个不惜一切代价“让建筑追随自然”的管理团队最温情的回报。

01 万山岛全景

02 隐匿在古树林中的静云山庄

01

02

01　全中国保留最完好的海岛第四纪冰川刻痕和海蚀生成的岩石是一道奇绝的风景。

02　妈祖庙里香火鼎盛，每年农历三月二十三的妈祖诞祭典是大万山人一年中最隆重的日子。

岛上山势挺拔，丘陵起伏。大万顶主峰是五座山中的最高峰，山峰间有小块平地，便于居住和耕种。岛岸曲折迂回，陡峻险恶，多岩石，南岸和西岸多峭壁，可达五六十米。东岸及北岸乱石凌罗，波高涌急。环岛近岸，水下延绵的礁盘会让你腿发软。

全中国保留最完好的海岛第四纪冰川刻痕和海蚀生成的岩石是一道奇绝风景。风大浪急的岛东南，是被称为“亚洲奇观”的浮石湾，半月形的海湾蜿蜒 1.2 公里，由不计其数的卵石组成，没有一粒沙，大自然的鬼斧神工似乎全放在了这里。潮水涌入卵石间隙时发出的声响，给大万山添了几分神秘。因为鲜有游客，海水清澈至可见近海的礁石，站在这里望向天边，仿佛在和天堂对视。也因为过于险峻，这里已被列为禁地，只能从接近岛上最高峰处的岗亭俯瞰天地造化的不可思议。

快艇在水中歪歪斜斜不过十分钟，就到了更为偏僻的小万山岛。快艇在凶悍的波浪中起起落落，似乎下一刻就会倾覆入海底，晒得黝黑的当地渔民却是一脸淡然。小岛上没有路，却有十几条小溪，水源充足，野草肥美，成了大万山渔民们放养羊群的好地方。

每年的捕鱼季，岛上是浓浓的渔家物语。遇上开渔节，数不清的渔船随浪起伏的盛景和码头边晒渔场上的忙碌一定会让手持相机的你不知所措。妈祖庙里香火鼎盛，每年农历三月二十三的妈祖诞祭典是大万山人一年中最隆重的日子，祭拜者很多是来自港澳和华南沿海的渔民。这一天，家家户户装饰门楣，醒狮队伍从村头热舞到村尾，一整天的人声鼎沸，全是为了来年的风平浪静。

在这个珠江水与南中国海相遇之地，四周有五个湾，咸淡水交汇，滋养无数鱼鲜。20 世纪 80 年代，大万山创造过单网起鱼的全国最高纪录，大万山人对于百余种鱼类的认知，如同熟知自己的祖辈。

良好的气候环境和丰富的海洋资源，也让万山岛跻身国内三大钓场，各地的海钓爱好者来这里享受收获与征服的快感，“万山论钓”是万山最有代表性的赛事之一。每年六七月南海短暂的休养中，旅游业成了岛民们营生的一块甜点。

岛上的公共卫生间是用各种漂亮的贝壳镶嵌的，海风吹来，似乎每个贝壳都会发出不同的声调。

01

01-03　曾是全国六大渔场之一的大万山也是名副其实的美食天堂。在《舌尖上的中国》第二季中的华丽出镜，让大万山名扬四方。

02

03

曾是全国六大渔场之一的大万山也是名副其实的美食天堂。在《舌尖上的中国》第二季中的华丽出镜，让大万山名扬四方。石斑鱼的鲜甜细腻和荔枝螺的微苦是来自海洋深处的珍馐之味；野生海胆的肥美无与伦比；即使是休渔季，静云山庄的秘制紫菜汤和极富大万山特色的海马酒也能满足最挑剔的味蕾。

冬季的狗爪螺也是最资深的饕客不肯错过的极品。这种被西方人称为“来自地狱的海鲜”，对水质极为挑剔，因而也是大万山极佳海洋生态的物证。

万山湾的半山腰上，静云山庄为每一处客房精心打造的露台是观赏日出日落的极妙之地，酒店的管家会不厌其烦地提醒你这是大万山绝不可错过的景致。这一片被细心呵护的原始丛林和奇花异草，也是寻觅浪漫的恋人们的一处秘境，瑰丽如诗的日暮和童话般的星空，胜过一千句“我爱你”。

落日之前，投身山庄的无边泳池，如同身在天空的怀抱，回到母亲的身体。

落日之前，投身山庄的无边泳池。

庙湾岛 蓝，白，红

万山群岛中离海岸最远的岛屿／
深潜发烧友的天堂／
孤独的台山阿叔

有一种远方，叫庙湾。

从市区的银坑码头坐上“大飞”，乘风破浪，抛下滚滚红尘，转瞬之间换了人间，找不着北。现世随浪涛远去，嗟叹或是膜拜，天上人间或是地狱天堂，都随你想。

“只有去庙湾需要坐这个快艇，其它岛都不用，”手握方向盘的小哥说。一阵狂乱的颠簸之后，我明白这绝非一场温柔浪漫的旅途。

路过不计其数的无名小岛，路过在“天鸽”肆掠中触礁的大船，路过如同科幻电影的海上风车。海水渐变成天空的颜色，飞机穿越无穷变幻的云朵，如同掠过海面的飞鸟，视线里的一切都似乎可触却不可及。“大飞”的轰鸣彻底打碎恋人们絮语的可能，一声我爱你，只会被吹散在风里。

穿越港珠澳大桥，仿佛驶入巨鲨的腹部，下一秒又被吐出抛向海的中央。凶猛的紫外线和着飞溅的浪花刺痛裸露的肌肤，通讯信号消失殆尽，手机定位显示已在香港。浩渺的伶仃洋上，人的渺小无力昭然若揭。

几十分钟的风吹浪打，感觉已过半世，问小哥庙湾在哪，小哥一脸淡然说“前面”。“哪里？”我伸长脖子，望眼欲穿。“最远的那个地方”，小哥答。

那一刻，懂了什么叫“远方”。

90 分钟的海上“拉风”，“大飞”到达了那个“最远的地方”。在每年三个半月的休渔期里，“大飞”是如今岛上屈指可数的几户人家和外面世界之间的唯一关联。

大约两平方公里的小岛居于国际航道正中，一、二次鸦片战争后，大量军船和商船经此向中国内地进发，于是有了临海山顶上英国人在 1884 年修的灯塔。我国海事部门在 1986 年重修了该灯塔，直到今天，灯塔依然为过往船指引航向。鸦雀口上，刻在岩石上的一米见方千年围棋盘留给世人一个匪夷所思的残局——或者，尚未开局?

这个游离在走马观花的游客视线之外的深海小岛，因山腰上的海神庙而得名。岛上两个山峰之一是海拔 214 米高的翁崖钉，山体几乎全部是岩石，很狰狞，也很美。码头和对面的沙滩浴场只一水之隔，鱼肚白的海滩亮闪闪，足以稀释旅途的劳顿，心魂立刻被召唤了去。

岛上极致的原生态和奇缺的水电，却是对所有访客之初心的考验。都市人习惯的一切日常便捷和活色生香，在这里几乎都是奢望。

十几户人家聚居在码头附近的一片礁石上，相互知根知底，风吹浪打都不怕。小院旁的空地上，随手栽种的蔬菜和杂草野花混成一片，屋后的一株香蕉树自生自灭，大狗小狗自娱自乐。

极简的石头房虽破败荒凉，内里却满是族居亲睦、淳朴本真的生活。依然守着小岛的十几户原住民，过着夜不闭户的神仙日子，虽有午睡醒来看到门口的椅子被挪开便大发脾气的老翁，不分你我的邻里温情却浓郁得令都市人嫉妒，民风淳朴得像一块活化石，你尽可以顶着一头湿发，走进任意一个不设防的家。

在爷爷祖传下来的码头房子里天天忙得像个小蜜蜂的 Q 仔，已不记得岛上何时有了电和自来水，只记得“小时候已有电视看”。如今，夫妻俩大半年时间在岛上招待游客，Q 仔的老婆贤惠利索，做菜洗衣两不误，从不出差错，让 Q 仔总能忙里偷闲找个角落和在香洲的女儿来几分钟视频。两人经营了五六年的渔家乐刚好

01 码头和对面的沙滩浴场只一水之隔，鱼肚白的海滩亮闪闪。

02 岛上两个山峰之一是海拔214米的翁崖钉，山体几乎全部是岩石，很狰狞，也很美。

01

02

在码头的黄金位置，女主人每天在舒爽的海风里洗菜剖鱼剪海胆，煎烤龙俐鱼的香味飘到对岸，在白沙滩上玩闹的游客们闻着香味就一身湿漉漉地往回走了。

对于世代和大自然相依为命的庙湾人，一切都是值得珍惜的馈赠，节俭是深入骨髓的习惯——洁净的院落里，岛民们依然用古法收集雨水；晨起捞回一网兜小海鲜，蹲在水边悉心挑选，肥硕的乌贼海胆挑给小孩吃，小虾小螺，无论样貌，都被小心安置在石板中央，真正是思来处不易。

二十多年前从台山来到这里的阿叔喝到微醺时，会眯着眼“警告”你千万别得罪他，不然他可以随时去山顶关掉通讯塔，让你彻底和岛上唯一的无线网络说拜拜。掌管通讯塔的台山叔也善于思考，在荒废的水产厂房里能静坐整一个下午，过去和未来都在脑海里如浪涛翻滚。阿叔的孤独，连姨都不知道，大概只有门外的这一片海才能消解。一壶茶喝完，几根烟抽完，门外治跌打肿痛的草药也晒透了，爱恨情仇都成云烟，用阿叔的话说，“想来想去一场梦”，只剩下对老家的惦念，想着打电话让小孙子上岛吃大龙虾。

思念老家的阿叔却说离不开庙湾了，过年也总是守在这里，因为这样的空气和水“哪里也没有了”，离开就会生病。

“发展”两字，和这一处深海绝境似乎很不相宜，这里有的只是一片真正的“蓝”图。在“百岛之市”火热的海岛旅游版图上，庙湾的散淡从容算得上是异类。而对于Q仔和他的邻居们，面朝大海，春暖花开的每一个今天，都胜过远处的熙攘和霓虹。

“下风湾”的珊瑚质沙滩看着不起眼，走进湛蓝的海水里才知道什么是“马尔代夫之蓝”。在晨风中的沙滩上追逐一只仓惶躲藏的海蟹，在清透无暇的海水里畅游一场，足以补偿来路的辛苦。

岛上风蚀海貌独特，岛周礁群星罗棋布，是海洋生物的乐园，海底更有稀有的红珊瑚群，是水上活动的理想场所。如今的庙湾，已被深潜发烧友奉为中国第一，每逢周末和小假期，只有十几户人家的小岛会被来势汹汹的水上运动爱好者挤满，帐篷布满沙滩，Q仔的老父亲打多少鱼虾也不够。

蚝仔、将军帽、鲍鱼和紫菜是“庙湾四宝”。大风大浪的天气里才会有的紫菜，曾让渔民送了命，却是会“让人发梦”的美味，可遇不可求。岛上小鱿鱼的做法让人永难释怀，刚打上来的小鱿鱼，用开水一烫，蘸着酱油吃，墨汁顺着嘴角流下，渔民吃了几百年。

01　QQ 渔家乐刚好在码头的黄金位置，主人每天在舒爽的海风里洗菜剖鱼剪海胆。

02　海胆蒸蛋是庙湾岛上最鲜美的一款经典美食。

03-06

岛周礁群星罗棋布，是海洋生物的乐园。如今的庙湾，已被深潜发烧友奉为中国第一。

中国生态环境部二〇一八年数据显示，珠海是中国空气质量最好的前二十个城市之一，空气优良率达到三百二十五天。空气纯度不仅让珠海成为生态旅游的首选之地，也让珠海成了PM2.5大环境下气候移民的热门目的地。

森林之城

园在城中，城在园中，分不清公园与社区的界限。

绿树繁花就像画布上流动的水彩，渗透在街道和建筑之间。

歌德的森林

走入森林／为我自己／无所寻觅／只为我意

森林，是思绪交织之所，灵感萌生之地。

在滚滚车流里依然可以痛快呼吸的城市，如今已是稀缺。主城区主干道上随处可见的长椅，证明这个城市对空气质量的绝对自信。每隔两百米，就有一张干净的黄色长椅在树荫下静静地等着你，这是游客歇脚的驿站，也是当地人约会、发呆、看书、喝茶的惬意空间。这些座椅，让所有来到的人坐下来，放下心，用另一种视角和心情看这座城市。

珠海人的生活，是在一个巨大的公园里，“森林”就在家门口。

珠海主城区多条主干道上都安放着长椅。在滚滚车流里依然可以痛快呼吸的城市，如今已是稀缺。

森林，是思绪交织之所，灵感萌生之地。

珠海是一座与植物一起生长的城市，在城市绿化上的远见和巨大投资，让绿色占领了一半的城市空间。

陆上风情与连天海景无缝连接，角角落落都是生态之美。每天的阳光，爬上凤凰山的脊梁，在洒向整座城市之前，先穿越无垠的葱茏。每天的空气，在一张天然的“滤网”中被改变了纯度，每一口都香甜。

在滚滚车流里依然可以痛快呼吸的城市，如今已是稀缺。主城区主干道上随处可见的长椅，证明这个城市对空气质量的绝对自信。每隔200米，就有一张干净的黄色长椅在树荫下静静地等着你，这是游客歇脚的驿站，也是当地人约会、发呆、看书、喝茶的惬意空间。这些座椅，让人们坐下来，放下心，用另一种视角和心情看这座城市。

珠海就是一把让人安坐的“长椅”。可以随时坐在榕树荫下的闲适和从容，是这座城市的独特价值；而一个能让人安心地坐下来的城市，一定也能让人奋力奔跑。

中国生态环境部2018年数据显示，珠海是中国空气质量最好的前20个城市之一，空气优良率达到325天，空气纯度让其它城市的人羡慕，也让珠海成了PM2.5大环境下气候移民的热门目的地，但珠海人并不满足。七八月的骄阳下，行驶在各条街道上的防尘水炮车也成了城市一景，大型建筑和建设工地上方密密的水雾给这个“山海大花园”增添了一丝清凉。

三月的春光里，“鸟人”们如约而至，海滨公园和野狸岛成了“爱鸟周”的绝佳载体。成立于2014年的珠海市观鸟协会，足迹已蔓延到城市的最边缘和海洋深处的密林。

万山群岛外沿的担杆岛，人迹罕至，这里的原住民是一千六百多只猕猴、罗汉松和黄杨树。这些猕猴由驻守在岛上的士兵定期喂食，悉心照顾。

安平路和光明街上，巨大的树冠如朵朵绿云。大街小巷里，被一棵长在路中央的大树挡住去路是常有之事，一座城市对自然的敬畏令人心生暖意。

珠海是鸟的天堂，也是蝴蝶的花园。

珠江口特殊的季风气候和水文特点，加上大片不受人工干扰的原生山林，让珠海的海岛、山林成为蝴蝶的繁衍栖息地。珠海现存蝴蝶品种达180种之多，其中中国最大的蝴蝶——裳凤蝶，是国家保护的蝶种之一，多年来在一些海岛上大量繁殖。

18年前，如今已是昆虫摄影家的陈敢青和朋友上海岛开发旅游项目，爱好摄影的他被岛上的蝴蝶迷住了，从此上了瘾，专业从事蝴蝶和昆虫摄影。多年来，他带动了一批摄影爱好者，不遗余力地倡导鸟类和昆虫保护的理念。

每到春天，海岛、山谷的树林间飞舞着各色蝴蝶，不同月份有不同的主流品种，让这座海岛之城成为梦幻般的“蝴蝶岛”。不过，游客最好不要随意惊扰这些美丽的精灵，因为蝴蝶对空气质量和环境要求苛刻。国际上公认，一座有大量蝴蝶繁衍栖息的城市一定有良好的生态环境。

每当春天，各色蝴蝶在山谷里栖息、在树林间翻飞，不同的月份有不同的主流品种，让珠海成为梦幻般的蝴蝶谷。

树是回家的方向，在珠海人的心中，树是家园的象征。

2017 年 8 月和 2018 年 9 月，强台风“天鸽”“山竹”先后侵袭珠海。“天鸽”吹倒了大批树木，让珠海人民心疼不已。台风过后的第一时间，人们纷纷走向公园、街头抢救树木。从普通市民到干部、战士，社会各界齐心协力，日夜奋战，上演了一幕幕爱城市、爱绿色的感人故事。一棵棵大树重新站立了起来，很快长出了新芽。城市和树林一起经历了自然灾害的考验，变得更加坚强、葱郁。

园在城中，城在园里

——两百米见绿、五百米见园——
现有公园四百五十六个的绝对数不算高，
但是人均数列中国城市前列

石花山公园，从城中凭地拔起，一路向上，树木茂密，怪石林立。

可以说，珠海人生活在一个巨大的公园里，“森林”就在家门口。

园在城中，城在园中，分不清公园与社区的界限。绿树繁花就像画布上流动的水彩，渗透在街道和建筑之间。街道两侧的绿化带宽阔、鲜艳，草本花卉和灌木交叠，行道树层次分明、花开四季。步行不出 500 米就会有一个公园 —— 可能是一个社区公园，也可能是一片大公园。这些绿地或依山或傍海，或藏在都市高楼之中。珠海的公园如此密集，在数量和体量上都遥遥领先于中国大部分城市。2015 年底，珠海的城市人均绿地面积就已达到 19.5 平方米，若按人均占有公园面积计算，珠海傲居中国前列，让其它“花园城市”望尘莫及。

经过多年悉心打理，香洲区的公园已成体系，而金湾、斗门、横琴、高栏港区的公园数量虽不多但体量较大。2012 年启动的小区公园建设，为整座城市又增添了一百多个“绿洲”。按照珠海的“公园之城”规划，到 2020 年珠海的人均绿地面积

森林之城

将达 22 平方米，万人拥有综合公园指数大于等于 0.15，一批大型森林、湿地公园将出现在新区，而香洲区的边角、废地也将变身为精致的小型公园。

200 米见绿、500 米有 0.5 顷公园、5 公里有综合公园、10 公里有森林郊野公园的规划蓝图，足以让珠海进入世界绿色城市名人堂。

因山而俊，因城而幽

园林界公认的世界上第一个现代意义上的公园是纽约中央公园，可见公园本身就是现代都市演变的产物，与城市共生。从公园的层面上看，算不上世界级大都市的珠海，已具备了相当分量的国际范。

情侣路算得上是中国最长的“公园”了，沿路的石景山公园其实是板樟山的一角。事实上，香洲核心区的很多公园都是板樟山的孩子，以山为界，北边是石溪公园系列，南边有石花山、将军山、炮台山……

位于城市中心的板樟山，也叫板樟山森林公园，从风水上说是珠海的“书案”，是镶嵌在都市霓虹中的一颗绿宝石。在很多老珠海人的集体记忆里，走吉柠路穿越板樟山是青春时代最有激情的事，比在情侣路上兜风不知浪漫多少倍。

石景山有两景，一是浑圆巨大的金黄色岩石，巨石上的“景山”和“福”“寿”两字光鲜亮丽；二是从山顶上俯瞰香炉湾流线般的海岸线，或者眺望夜幕来临时野狸岛上的灯火变幻和都市霓虹。坐索道上山，一边享受凉爽的海风，一边欣赏随着缆车上升与降落幻变的风景。沿山脊有一条环道，行至山顶大平台可以休息片刻。上山的石阶有几处陡峭的路段，会令疏于锻炼之人气喘，如果不愿受攀登之累，山门边的一泓碧绿和池边的园林也十分养眼，池边开满白色蜘蛛兰。找一处长椅坐下，带着六个长长触须的巨大花朵散发一点幽香，沁人心扉。

01

02

03

出了公园，沿山脚下的景山路、白莲路、九洲大道漫步，一路都是郁郁葱葱。板樟山的南边有白莲洞公园。白莲洞是珠海最古老的园林之一，建于清乾隆年间，曾有僧人隐居在此。入园可见据说是旧时的僧人种下的一池白莲，石桥水榭将池分两半，一派清幽闲适，极适合晨练、散步。迈入白莲洞牌坊，悠远古朴的仙风道骨之气扑面。踏上岁月磨砺的石阶，走过古旧的石桥，一股清泉从山间泻落。巨石背后深藏着几个小寺院和关圣庙，一派洞天福地。

白莲洞再往西就是仿圆明园建制的圆明新园。园内湖面开阔，经过圆明园殿便是码头，游人可泛舟赏湖中的蓬岛瑶台和四周黄色琉璃瓦屋顶的亭台楼阁。翻过圆明新园背后的山，就是暨南大学珠海校区。

01　“圆明新园”琉璃瓦屋顶的亭台楼阁有着皇家的气派。

02-03　白莲洞是珠海最古老的园林之一。

01

02

01/03 石溪公园的山路上除了体味文人雅趣，还可以在一块块巨石和清泉之间跳跃。

02 鲍俊手书“石溪”

03

05

04

04 坐在梅华公园巨大的城市草坪上，一片花海之间，看着蓝天下起伏的白云和俊美城市。

05 香山公园突兀地立在城市之中，却与这一片珠海的老城风貌融合得十分妥帖。

板樟山北侧，是一场吟风弄月的文人雅集。暮春之初，崇山峻岭，茂林修竹，清流激湍，映带左右，清代才子鲍俊与文人墨客在岭南寻找到了一处与王羲之时代的江南会稽山极为相似的景致，于是发思古之幽情，流觞曲水，一觞一咏之间，就有了今天的石溪公园。

从古元美术馆左侧的公园大门沿石阶寻溪而上，大小错落的卵石相叠相生，石上鲍俊手书“石溪”两字与文人们留下的一笔“鹅”等三十多处诗词构成了公园独特的人文小品，其中北宋书法家米芾的“古壁石”三字被认为是镇园之宝。路过“亦兰亭”，半山之间可见到残壁一片，这是鲍俊晚年隐居读书的“惜字社”。公园内的山路上，除了可以体味清代文人的雅趣，还可以在清泉之间跳跃。溪水不宽，从山间急下，两边的巨石平坦光洁，孩子们喜欢从溪的一边跨到另一边，或者淌入溪水里一番嬉戏。

有山林石泉就会有人来汲水，跟着取水的老人一路下山，才发现是一条通向大镜山公园的小径，沿途可以看到城市的应急水源“大镜山水库”。水库周边又是一个社区公园，也是珠海最大的体育公园。八万平方米的绿地包含四片足球场、五个篮球场、一个排球场和室内运动场。公园内的泳池水取自水库，夏季早晚时分，大小两个泳池让人享受天然泳池之趣。

石溪、大镜山都属于白沙岭公园系列，无论从哪个出口下山，城市主干道梅华路就在眼前。坐在梅华大道北侧的梅华公园巨大的草坪上，蓝天白云下的一片花海把这座花园城市的俊美绽放得淋漓尽致。

梅华城市公园是城市中最大一片绿地，不仅有足球场、篮球场、门球场等设施，还有香蕉林和木瓜林，并预留了 3000 平方米的生态菜园。原来的一片荒蛮山地，如今繁花似锦。

板樟山的东北角，香山公园突兀地立在城市之中，却与这一片老城风貌融合得十分妥帖。桃园路上的浓稠树荫，算得上是珠海一景。在路的东端右转，就到了阅潮书店狮山社区店，在店中喝一杯手冲咖啡，欣然上山。石阶陡峭，树荫更浓，逐渐入幽。山间建有平台，可小憩片刻，四周高楼鳞次栉比簇拥在眼前。一路向下，市井之声渐渐入耳。

板樟山以南，石花山、将军山、炮台山在城市的南线构成另一道屏障。由于深嵌在老城区之中，站在这几个公园的小山顶，都能看见澳门的天际线。石花山公园从城中凭地拔起，一路向上，树木茂密，怪石林立。

炮台山公园大概是珠海最亲民的公园了，周边老居民区密集，上山下山的路上，老人们聚在一起聊天、锻炼，成了每天的必修课。健身舞、羽毛球、太极拳……一个个摊子各有地盘。炮台山并不见炮，但正对着拱北口岸，可见当年必是军事重地。

出了香洲，公园的尺度就被成倍地放大了。斗门区的尖峰山森林公园规模位列广东第一，171 公顷的大手笔还在扩张之中。

因海而俏，因水而雅

背山面海的海滨公园是观赏珠海渔女的最佳位置。傍晚时分，坐在巨大的草坪上看日落，静等洋面变成一片闪亮的金色，是珠海人最日常而独有的幸福；港珠澳大桥上，灯光渐起，勾勒出令人遐想的海岸线，渔女和椰树都化作剪影，窈窕婀娜。

将近 12 公顷的海滨泳场里，是 3000 多立方米的优质金沙。花丛中一排排“高迪”石凳以红、黄、蓝、白碎瓷片拼贴而成，动感炫目，尽显城市的浪漫品格。760 平方米的动感舞台是一年一度沙滩音乐狂欢的主场。

海滨公园有着草的柔美，与之南北呼应的水拥坑海天公园则是花的艳丽。情侣路向东渐渐拐出一个小小的弧，水拥坑海天公园就在路的西侧。开放伊始，公园就成了人们在花丛中的自拍圣地，引来众多花迷。

01　石花山公园山顶的“望澳亭”可以清晰地看到澳门的建筑。

02　炮台山公园是珠海最亲民的公园。

01

02

03 水拥坑海天公园观景走廊层层错落伸向大海。

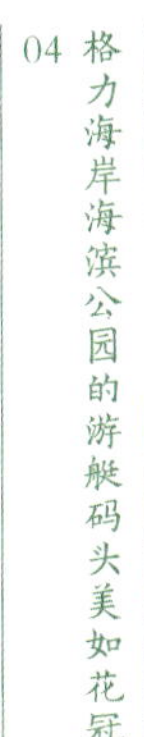

04 格力海岸海滨公园的游艇码头美如花冠。

路东侧的海天驿站却是一派现代风尚。有着露天剧院格局的观景平台沿着海岸线层层错落伸向大海，坐在面朝大海的台阶上，仿佛看一台日落月出的天然大戏。

沿情侣路继续往北，珠海的巨幅公园画卷还在持续。过了美丽湾的唐家湾半岛，格力海岸的海滨公园飞扬着时尚情调，沙滩和草坪是两条精心编织的色带，纤细的桑格花、醉蝶花在海风中摆动。走过海豚广场就是唐家湾海面，两条弧形的海堤围成的游艇码头上，一艘艘白色游艇整齐地排列在栈道上，美若花冠。

湿地之美

珠江是中国河流体系中最丰盈、支流最多的河。在珠海附近，珠江水带着丰沛的淡水浸入伶仃洋，再从伶仃洋汇入南海的波涛。在并不算太遥远的地质年代，今天珠海所在的地区就是一块江、海与小片陆地相互交错的湿地，至今依然有迹可循。淡水和咸水在这里交迭出百鸟飞舞、鱼虾争欢、草木葱郁，也让大大小小的湿地成为珠海绿地和公园的主要形态之一。珠海的大型湿地公园主要分布在斗门、金湾、横琴、高栏港区和高新区。

黄杨河绕过尖峰山向西南转向入海，斗门当地人称黄杨河为黄海。河东边是白藤湖，然而很难说白藤湖是湖还是海。

华发水郡湿地公园就在这一片咸淡交汇的湖海河之间。这里是白鹭、蝴蝶、红树木、水松林的欢乐场，自然亲水的步道不影响湿地的自然生态，人却可以移步观察生态多样性的精彩。

珠海有很多带"洲"字的地名。"洲"本是水中的小块陆地，咸淡不分，是海也是湖。横琴芒洲湿地公园的主色调并不是柠檬黄，而是蒹葭苍苍的绿色。公园象竖琴的琴把立在横琴岛东北侧，由国际知名建筑设计事务所打造的这个世界级精品湿地公园定位在鸟类栖息地，这片红树林和芦苇是东亚、澳大利亚候鸟迁徙途中的驿站，六十多种鸟类在此栖息、繁衍。当然，这里也孕育着一片芒果林。

01

02

03

01 华发水郡湿地公园是白鹭、蝴蝶、红树木、水松林的欢乐场。

02-03 横琴芒洲湿地。这片红树林和芦苇是东亚、澳大利亚候鸟迁徙途中的驿站，有六十多种鸟类在此地栖息、繁衍。

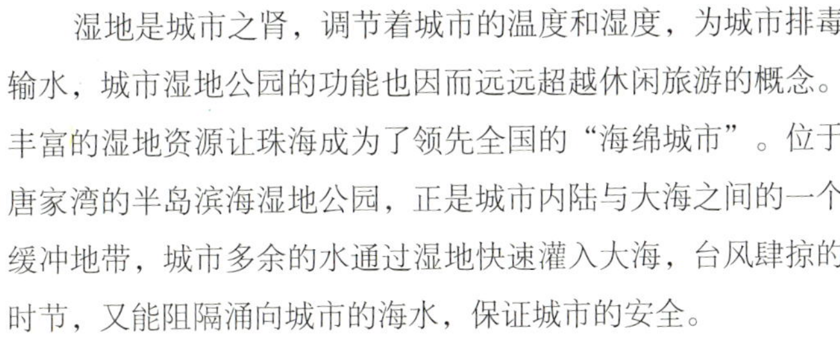
湿地是城市之肾，调节着城市的温度和湿度，为城市排毒输水，城市湿地公园的功能也因而远远超越休闲旅游的概念。丰富的湿地资源让珠海成为了领先全国的“海绵城市”。位于唐家湾的半岛滨海湿地公园，正是城市内陆与大海之间的一个缓冲地带，城市多余的水通过湿地快速灌入大海，台风肆掠的时节，又能阻隔涌向城市的海水，保证城市的安全。

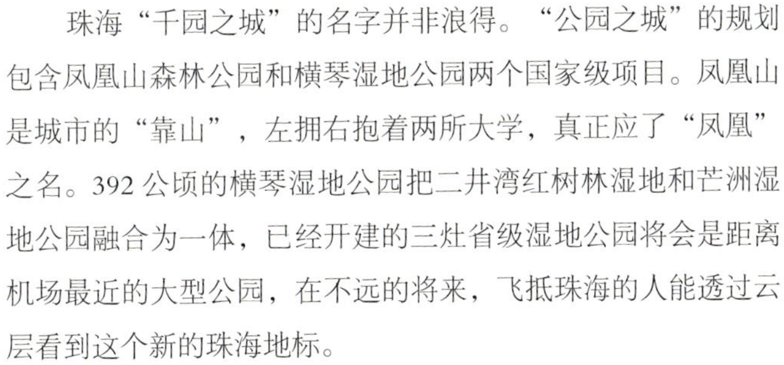
珠海“千园之城”的名字并非浪得。“公园之城”的规划包含凤凰山森林公园和横琴湿地公园两个国家级项目。凤凰山是城市的“靠山”，左拥右抱着两所大学，真正应了“凤凰”之名。392 公顷的横琴湿地公园把二井湾红树林湿地和芒洲湿地公园融合为一体，已经开建的三灶省级湿地公园将会是距离机场最近的大型公园，在不远的将来，飞抵珠海的人能透过云层看到这个新的珠海地标。

值得期待的，还有位于新城市核心区的金湾航空城湿地公园和横琴中央公园，一个将与世界建筑大师打造的文化中心相伴，一个将与珠海新地标为伍。如果说横琴十字门中央商务区是珠海乃至珠三角的新城市天际线，那么，伴随这条滨海天际线，一条绿色的中央绿谷将串连起一幢幢摩天大楼和世界一流的大型公共设施，珠海的全新国际商务区将会是绿荫如海。

城市与鸟

位于全球候鸟迁徙线路上／
有一百七十多种鸟类／
珠海市民爱鸟护鸟蔚然成风

有三种环境最适宜鸟类生存、繁衍：海洋和海岛、湿地和沼泽、森林和山地。这三种环境都是珠海与生俱来的。另外，温暖、湿润的百岛之市，恰好位于全球候鸟迁徙线路之一的亚洲—大洋洲的迁徙线路上，因而拥有丰富的鸟类资源。

有报告显示，珠海曾经记录到的鸟类有一百七十多种，占广东省的三成以上。在城市公园、湿地、山林、海岛，甚至在普通人家的屋檐下，到处都有鸟的身影和鸣叫。

珠海是一个十分尊重自然的城市，市民有着热爱自然、保护野生动物的热忱和责任。珠海人爱鸟、护鸟、拍鸟，他们的观察和拍摄也为鸟类专家们提供了生动的第一手图片资料。

珠海最佳观鸟地

海滨公园：留鸟为主，常见如白鹭等水鸟。冬春季节能看到海鸥等部分迁徙候鸟。

野狸岛：常见白鹭，也有黑鸢，秋高气爽时能在海边看到小杓鹬等迁徙鸟。

淇澳岛：珠海最好的候鸟观鸟点，拥有珠海市保存最完整、最集中、最连片的红树林，为省级自然保护区。每年四五月份鹭鸟在此繁殖，市民在此赏玩，稍不留神便会“惊起一滩鸥鹭”。淇澳岛上还有被列为“极度濒危”的黑脸琵鹭。

白莲洞公园：有喜鹊、白头鹎、红耳鹎等林鸟，国家二级保护动物小鸦鹃也能见到。

外伶仃岛：白翅浮鸥、极北柳莺、赤腹鹰、金头缝叶莺、白喉针尾雨燕等都有发现，岛上还能看到数量较多的国家二级保护动物岩鹭。

横琴芒洲湿地公园：秋冬季节鹭鸟较多。

金湾区红旗镇三板村：夜鹭繁殖地。

在珠海，凡有老房子的地方就有文艺的小店。会同村的小巷宽不足五尺，但越是静谧、幽深的老院子越吸引人。咖啡、书店、餐馆、民宿、英语培训都会在小巷深处与你相遇，这也是珠海的一种人文景象。

在历史的河流中。

六千年前，生活在珠海的人类就擅于交流与融通，这种性格始终贯穿在珠海的文明发展史中，催生出珠海近代的辉煌。

博物馆奇妙夜

○二十五件文物，看懂六千年珠海文明史

在珠海市博物馆，人们在一件件经典、精美的器物中读懂珠海的起源和六千年的文明史，领略活跃、智慧、擅于交往的珠海传统，也从这座城市的前世中看到她的无限未来。

珠海市博物馆（旧馆）

壹 · 智慧生存的先民时期

距今 6000 多年前，珠海这块土地上已经有人类的痕迹。约 4000 年前，珠海有了发达的渔业和不凡的船舶制造能力。珠海人的祖先们造坚固的大船、织结实的渔网，甚至有专门的作坊制作石器、玉器装点生活。他们有着很高的生存智慧，同时通过船只与北方保持良好的文化和物品交流。 01—13

贰 · 汉唐以后——海上丝绸之路时期

珠海、澳门是海上丝绸之路通道上的重要补给站和避风港。珠海境内打捞出了大量青瓷碗碟、四系罐和青釉瓷碗，这些沉船遗物都表明当时珠海一带海上贸易的繁荣。 14—18

叁 · 明清以后——中西文化的交汇点

珠海、澳门是最早参与国际贸易的城市，也是中国第一批留学生的出发点。从容闳开始，珠海的年青人勇敢奔赴海外，学习先进文化与技术，回国后推动洋务运动或者直接参与近代民族工业。 19—24

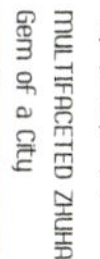

01 彩陶圈足盘

后沙湾遗址底层出土，共有四件可以复原的彩陶盘和数十件彩陶盘的残件。这是珠海发现最早的、也是最具代表性的陶器，距今6000年前左右。

02 白陶簋形器

后沙湾遗址同时发掘出土了两件白陶，但只有一件得以复原，即白陶簋形器。白陶在环珠江口地区多个遗址虽均有若干发现，但能修复完整的白陶器物却极罕见。

03 宝镜湾遗址陶器群

除了后沙湾遗址中出土的陶器物，位于珠海高栏岛西南部的宝镜湾遗址也出土了大量陶器文物，以夹砂陶居多，估计年代在距今6000年前左右。

04 陶豆

宝镜湾遗址出土。陶豆被用作盛载食物的工具，出现于新石器时代晚期，流行于新石器时代至汉代，盛于商周，距今有6000多年。

05 树皮布石拍

环珠江口大湾文化所发现距今6000年前的石拍，是东亚、太平洋岛屿以至中美洲树皮布文化系列中最古老的代表。树皮布是一种用石拍拍打树皮制作无纺织布料的技术。与中国的纺织丝布一样，楮树皮的无纺布同样是具有世界性影响的重大发明。

06 石纺轮

距今6000-7000年前，长江流域中下游已广泛利用纺轮，以纺轮回转惯性把纤维加工成纱线。珠海出土的石纺轮说明当时纺纱技术已经传入了珠海地区。

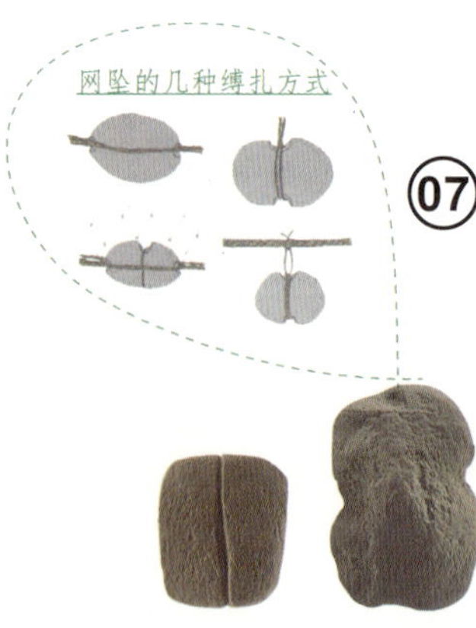

07 石网坠

距今4000年前左右，是珠江口地区历史演变的关键时期。代表这一时期的环珠江口遗址数量惊人，并从中发掘出大量的砾石坠。这说明在这一时期，一种新的捕鱼技术曾经在珠海地区出现并曾达到高峰。

08 石锛

石锛是新石器时代主要的生产工具，由石锛和柄两者组合而成。大型的石锛主要用作砍伐，小型石锛则广泛应用于木工的加工。当时珠海地区的先民已经能够娴熟运用工具制作船只等木制品。

09

10

13

11

12

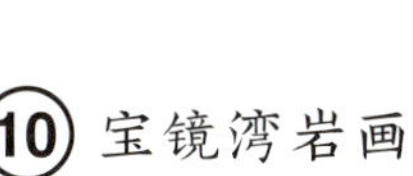

09 玉玦

玉有缺则为玦。玦是我国最古老的玉制装饰品，为环形形状，有一缺口。在古代主要被用作耳饰和佩饰，一般是直接穿入耳孔垂挂于耳垂。小玉玦常成双成对地出土于死者耳部，类似今日的耳环。后来的考古发现中也有被制作成手镯或其他装饰物的玦类文物，说明在这一时期，先民们开始有了对美好精神生活的追求。

12 石范

石范是铸造青铜器的工具。早期的人们将物料熔化注入石范做成的模型中，待其冷却或凝固后即可得到模具形体的物件。广东地区青铜器较少，珠海地区出土石范说明当时人已经学会制作青铜器，这些石范主要用于铸造简陋的工具和武器。

10 宝镜湾岩画

宝镜湾遗址附近发现了五处七幅摩崖石刻画，摩崖石刻画应是新石器时代晚期至青铜时代的产物，是南越古先民的生活写照或图腾崇拜。

11 大口尊

浮滨文化为广东东部沿海商中晚期文化，以石戈、大口尊、深腹豆、釉陶为特色。近年环珠江口地区浮滨文化也发现了较多的陶器，而环珠江口又为浮滨文化分布的边沿范围，证明了粤东与珠江口之间早期的文化交流。

13 一字格剑

一字格剑广泛分布于云南及越南地区，广东地区较为罕见。出土于珠海南屏的一字格剑为珠江口仅有的一把。柄身合铸，剑身有脊，与云南同类短剑的特色相近，属于战国时代。反映珠江口与中国西南的关系。

⑭“朱师所治”字样陶罐

外伶仃岛石涌湾发现的陶罐肩部残片上，刻着“朱师所治”四字。朱师为陶工的名字。对比秦至魏晋各时期字体风格，石涌刻字有西汉的特色。结合其他佐证资料，可推断石涌陶罐的年代应是西汉，为环珠江口迄今发现最早的汉字文物。

⑮荷包岛四耳罐

这是珠海荷包岛附近出水的大量文物之一。在中国东南沿海至西沙群岛，渔民于浅水作业间常打捞到唐宋及以后的外销瓷器，证明在这条海上陶瓷之路上中国与东南亚及西方国家早期频密的贸易关系。四耳罐等器物被海水侵蚀严重，表明是往来海外沉没商船上的货物。

⑯塔型盖魂坛

这种造型奇特的陶器在珠海陆地和海岛都有较多的发现，是唐宋时期流行的火葬的产物，用来盛放骨灰或者随葬品，器物制作精美。魂坛的出土不仅能够反映出当时的制作工艺，还表明当时人们的思想意识已经有了很大的转变和进步。

⑰双鱼纹青瓷碟

宋代是中国瓷器发展的高峰期，出现了许多新的造型和装饰工艺。印花、刻花就是这一时期创造的装饰手法。

⑱铁锅

南宋末年，宋元两军大战。宋军一路南退，经伶仃岛至崖门，并在崖门与元军在海上作最后一搏，史称“崖门之战”。十万元军大败37万宋军。宋帝投海自尽，结束了宋王朝。考古工作者在平沙发现并发掘了水井口遗址。在这里出土的300件陶器、瓷器、铁器、兵器及958枚铜钱，就是这个时期留下来的历史证物。

⑲ 前山寨城

前山旧城区内，原是一座军事城墙，始建于明代天启元年（1621 年），清康熙五十六年（1717 年）用石头和夯土扩建为规整的军事城池。

石溪石刻群 ⑳

石溪位于珠海香洲区山场村北面的松柏山上，清代不少文人墨客在此留下许多笔墨石刻，为珠海市最大的摩崖石刻群名胜古迹。在溪旁一块高耸的石壁上有行草书题刻“鹅”字，字形浑厚，为清才子鲍骏的手笔。

㉑ 唐绍仪“钦差议约全权大臣”银牌

1903 年底，英国向中国西藏地区大举进犯，攻占城镇。次年，清光绪皇帝连下两道谕旨“赏唐绍仪副都统衔”，往西藏查办事件、“敕唐绍仪为议约全权大臣”与英谈判。唐绍仪于 1906 年签订《中英续订印藏条约》。这块“钦差议约全权大臣”银牌为当时朝廷所赐。

㉒ 法国政府授予唐绍仪之勋章

1908 年，美国国会通过归还庚子赔款案。清廷委唐绍仪尚书衔，挂赴美专使充考察财政大臣，到日、美、英、法、意、奥、俄、比八国考察。这是法国政府颁授的一枚勋章。

㉓ 唐绍仪“军政府南北议和全权总代表”印

1919 年中华民国军政府授唐绍仪全权总代表与北洋军阀于上海南北议和谈判时用的印章。象牙材质。

㉔《英语集全》

出版于 1962 年，是中国学习英语的第一部教科书。全书共分六卷，编撰者是唐廷枢，珠海唐家人，中国近代买办、企业家和洋务运动重要官员。

一次踏入两条河流

○唐家湾

踏入唐家湾，就像同时踏入了两条河流，一边是溯水而上的未来，一边是悠悠而下的历史。一百多年来，因为有唐绍仪、唐廷枢这样一批贯通中西文化、交易世界货品的人物，这个中国南方村庄里的客来客往、高谈私语都悄然影响着近代中国的许多重大事变。

2006 年 7 月，唐家湾镇行政事务划归新成立的珠海高新技术产业开发区管委会管辖。中山大学、北京理工大学、北京师范大学、香港浸会大学陆续入驻，唐家湾又成为珠海城市中最年轻、活跃的元素，成为珠海第一重镇。历史又一次将唐家湾推到了前沿。

落满花瓣的青石小院寂静无声，只有画眉在竹笼里舞动翅膀。

共乐园

不仅是1910年以来时间飞轮的磨砺，不仅是岭南饱满丰沛雨水的侵蚀，也不仅是掠过南海咸温的海风撞击，这方占地300亩的园林呈现的气质，让所有江南园林显得单薄、肤浅。

不仅是不经修剪的浓郁，不仅是那一棵孤榕的盘根错节，不仅是泛出牡蛎一般光泽的白色廊柱，也不仅是开向苍茫夜空的问天台……这座园子让人毫不怀疑地听到了百年前的厮杀和幕前幕后的阴谋阳谋。没有柔弱的吟唱，只有凝重、肃杀、悲凉。一种化不开的浓稠空气，始终护卫着这座百年老园子。

04 梅兰芳先生手植的柠檬桉，也称美人树，树干亭亭玉立如同先生的唱腔直入云霄。

03 有着印度浮屠风格的信鸽巢

02 石牌坊原为共乐园园门，横匾『共乐园』三字为唐绍仪先生手书。

01 观星阁。每当初一、十五晚上，唐绍仪会登阁管窥星际。

04

美国第三十一任总统胡佛早年曾经在中国开滦煤矿担任采石工程师，他与园子的主人是同学、同事，也是私交深厚的朋友。胡佛在回忆录中说："他和威尔逊从天津上火车，列车拖着一节唐绍仪先生的专用车厢，唐先生陪同我们一起在他家乡的花园里享受了一个美好的南方假期……"园子里的暖房是仿照当年唐绍仪留学美国时住过的房子修建的，壁炉可以燃烧木材，让不适应岭南天气的美国朋友感到干燥、温暖。

皇帝也好、总统也好、总理也好、财富也好、名誉也好，繁花似锦的背后，总有不可与人言说的无奈。

东也好，西也好，还是家最好。48岁那年，唐绍仪回家修建了这座园子，想为自己的晚年留下颐养天年的乐土，也在植物和花香中治愈了自己那颗失意的心。他在园子里种了五百棵荔枝树，每当荔枝成熟时，树上挂满了果子，如同一群红鹦鹉飞舞在绿叶之间。与其说是为了日啖荔枝三百颗，更不如说是为了回到家乡长作岭南人。蝉鸣的仲夏夜，和老友和乡亲们在紫藤架下下棋聊天的时光，也许是走遍东西南北的唐绍仪一生中最柔软的记忆。

然而，世事纷乱，天不由人，中国近代错综复杂的政治变幻却依然让他进退两难。共乐园里有一座天文台，也是中国当时唯一一座私人天文台，可以使用六分仪观察天体。通常的解释是，唐绍仪受西式教育，才会建造这么一座科学功能的建筑，可深想一下，唐先生称它为观星阁的原因，也许是因为对那个飘忽不定的世道的狐疑。世事难料，只能问天罢。

不论世事如何血雨腥风，唐绍仪终其一生怀着救苍生于水火的仁爱之心。接受过西方教育和文化熏陶的他，知道《圣经》中说经历洪荒之难后第一个带来和平信息的是一只信鸽，所以，共乐园里有一座印度风格的塔形信鸽巢，每当局势危难之时，退居在园子里的唐绍仪，总想从信鸽的轨迹里得到苍生平安的讯息。

月圆夜静之时，如果立在梅兰芳先生手植的美人树下，园子的上空似乎缥缈出了丝竹管弦之音。想想当年梅先生小住乐园，把酒畅谈之后一定会唱上一折，不论是《别姬》还是《葬花》，大师的余音终究是不肯轻易散去的。

再好的戏终有收煞，在壮年豪气之时修私家园林，总还带着几分事业成功的自傲，到了1932年，70岁寿辰之时的唐绍仪已经少了很多少年烟火之气。那一年，他定制了青花描山水大花盆安放在园子里，同时放弃了花园的私人拥有权，向公众开放，命名“共乐园”，以响应孙中山先生“与众乐乐”的倡议。

风起云飞

○会同村

若不是学校选址在村边，这个凤凰山北麓的小村一定依然还是百年前的模样。今天，新修的道路从村边穿过，六十七路公交车的乘客大多是北理工珠海学院的学生，青春飞扬的神色之中多少因为身边的古老村庄而添了一分老成，会同村的老村民依然保留着古朴、悠然的生活节奏，大学生活却并没有太多的违和感。

南北各有牌坊式的大门和中西合壁的碉楼，北楼名为“风起”，南楼名为“云飞”。

春风乍起，在会同村一字排开莫氏宗祠前的草地上，北京理工大学珠海学院的男生女生们总会聚集在一起放风筝、聊天。时间的穿梭机在这个古老的岭南村庄上滑过，把过去和今天织在了同一匹彩缎之上。

若不是学校选址在村边，这个凤凰山北麓的小村一定依然还是百年前的模样。今天，新修的道路从村边穿过，唯一的一路 67 路公交车大约半小时一班，乘客多是北理工珠海学院的学生，青春飞扬的神色之中多少因为身边的古老村庄而添了一分老成，会同村的老村民依然保留着古朴、悠然的生活节奏，大学生活却并没有太多的违和感。

走过一段不起眼的石桥，就到了村口。这个静谧如一个隐者的小村，却是中国乡村现代化第一村。因为一个家族的富足和对家乡的关照，村民们使用自来水、电灯和看电影的历史，早于省城广州城里的市民竟达半个世纪。

二百多年前的雍正壬子年间，乐善好义的莫与京（号会同）爱上了这里的山水，于是莫、鲍、欧阳三族人约定从不同地方会同到该地建村定居，会同村因而得名。另一种说法是，因为村庄的公建部分几乎都是莫与京解囊，对不富裕的乡亲又倾资相助，乡亲们念记他的各种好，索性就用“会同”做了村名。

当年莫与京的慧眼，被后人编进了民谣。至今，村民们还唱着“人人行过都旺相”，赞美家乡不一般的风水。大概是因为离唐家湾的西洋风尚不远，生活在这一片福地的人也早早走出村庄，成了端洋人饭碗的买办党。19 世纪中叶，会同村人莫仕扬、莫藻泉、莫干生祖孙三代相继为英国在香港的最大商业机构太古（Taikoo）洋行担当买办，翻云覆雨，前后长达 61 年，积累财富达千亿港元。太古的糖业、船业和地产在莫家的手里到达经营的巅峰。

村子规模不大，布局呈棋盘式，三街八巷划分简洁。村子原来有干打垒的寨墙围合，南北各有牌坊式的大门和中西合璧的碉楼，北楼名为“风起”，南楼名为“云飞”，它们的年代明显早于著名的开平碉楼。一字排开的莫氏宗祠非常抢眼，宗祠背后是保留完整的四十多座民居。会同村的建筑基本采用中国传统建筑的梁架结构，檐楣窗格多有灵秀之气，村落规划和碉楼建设又汲取了西洋建筑理念。

积攒了财富的莫家传人，不忘造福乡梓。同治到光绪年间，村里的富裕宗亲取西方村落布局理念之精华，对村庄进行了重建。悉心规划的结果是，一百七十多年后的今天，村子最初的模样依然清晰，建筑整体基本无恙，成了见证珠海古村落历史的活化石。

在珠海，凡有老房子的地方就会有文艺的小店。会同村的小巷宽不足五尺，但越是静谧、幽深的老院子越吸引人，咖啡、书店、餐馆、民宿、英语培训都会在小巷深处与你相遇，这也是珠海的一种人文景象。老屋咖啡是将整个旧院落做成了一帘幽梦的咖啡小院，屋里灯光柔和，架子上摆满了手工陶瓷，屋外的阳光庭院里，各色的猫抢占着客人的椅子。喝完咖啡，走出庭院，走过张妈茶果店巨大的龙眼树，去村口的阅潮书店续上一杯咖啡，还可以去旁边的会同电影小馆、会同村史馆感受一下会同历史的片羽吉光，这个下午就十分圆满了。此时，村前碧绿的池塘正好映照着会同村的夕阳。

一字排开的莫氏宗祠非常抢眼，宗祠背后是保留完整的四十多座民居。

情爱如电◎栖霞仙馆

中西合璧／
倾城之爱／
咖啡馆里绵绵情爱的痴男痴女

01　大钟楼是一座四层高的教堂式门楼，钟楼顶部为希腊奖杯式造型的西式园亭，这种建筑在西方国家十分流行。

02—03　400平方米的二层骑楼中西合璧，其建筑材料全部由香港或海外运进，模仿香港太古洋行模式建造，庭院内遍植名贵花木。

01

02

03

会同村的另一个标志性建筑和“故事工厂”是珠海三大古园林之一的栖霞仙馆。

莫仕扬的嫡孙莫咏如，按现行的标准就是个大暖男。他的原配夫人郑氏，小名阿霞，是个从小在日本接受教育的美人，可惜红颜命薄，美美的阿霞在三十多岁的花样年华就不幸病故。莫咏如痴心思念，遂在宣统二年（1910 年）在会同村西南花了 1000 两白银买了 300 亩果园，建了栖霞仙馆，以纪念自己的结发爱妻。

如果要为“爱情”两字作个定义，为自己深爱的女人打造一个园子，可算是倾城之爱了，大概也是这个被爱的女人的极致幸福了。煞费苦心打磨的栖霞园里，一草一木、一亭一瓦都是男主人心中的悲楚和思念。

阿霞最爱的日式歇山顶茅屋也有了，只是阿霞不在了。

中西合璧的细节里，处处彰显莫氏家族的荣耀。庄园的主体建筑是典型的南洋骑楼格局，欧式的拱券回廊让整个建筑散发出迷人的稳重和通透。园内不仅有中国传统建筑的六角亭，还有兰亭、茅亭和印度风情的啖荔亭，重檐攒尖顶，以绿琉璃瓦装饰。门楼也是钟楼，顶部的外挑檐台具备瞭望和守备功能，最上层的平台上，四根罗马柱子支起一个小小的穹顶，但钟早已不知去向，也许是去了某个地方守着阿霞的魂灵。

有了这园子，莫咏如心里的念想，终于有了个地方安放。从此，一个男人和她的女人，成了飞鸟与鱼，天上地下，永远永远在一起。

20 世纪 20 年代初，莫咏如从香港买回了一台柴油发电机安装在这里，还从香港请了一个专业电工，会同村也因而成了整个香山县最早通电的村子。

虽是为纪念爱妻所建，但莫咏如一直将园林对同村乡亲开放，这或许也是温婉善良的阿霞喜欢的一种方式。1922 年，莫咏如还特地把乡亲们请进会馆，开了一场大洋荤。那一天，他用从香港带来的放映机让会同村的父老乡亲见识了一种叫作“电影”的玩意儿，放映的是卓别林的无声片。

一百年后的今天，观音六角喷水池和发电机房只剩残垣，三座风格迥异的凉亭也淹没在疯长的杂草中。二楼被改造成了一家咖啡馆，仙馆也少了些许阴郁之气。咖啡馆里常常聚集一些旅客或者羡慕这绵绵情爱的痴男痴女，回廊的小桌子上，总有两三对年青人各自出神，遥想着莫咏如当年的用心、用情之深。

前山河畔 北山村○

从前，前山河雅称为前山水道，是一条属于珠海和澳门两地的母亲河，北山村就在河的南畔。北山人杨姓居多，据说村子是杨家将的后裔为远离兵荒马乱而来到这一片天涯海角之后所建。

01　守望着全村风水的石狮子

02　杨家大宗祠的一对门神威武雄壮。

杨氏大宗祠是杨家村的核心建筑，也是杨家村目前保留最完整、修复最完善的建筑。

老珠海人说，珠海的报春者是杨氏大宗祠里的四株百年玉堂春，又称紫玉兰。南国虽然不似江南，但是春天将至依然让人欣喜。宗祠院子里的玉兰花香溢满村庄之时，珠海的春天就真的来了。先开花后长叶，紫色的花朵质如玉、形如盏，映衬着暗红的花格窗棂、珐琅彩的漏窗和琉璃瓦大屋顶，热烈而柔美。与江南的玉兰相映成趣，宗祠后的百年南国木棉也相继绽放。树高入蓝天，几棵杜鹃缠绕着木棉攀树生长已及树腰。

据说，这四株玉兰是清道光八年（1828 年）北山村的杨家花费 500 两银子从江南买来的，除了表现家族的繁盛，也多少有一点对北方家乡的念想。

从前，前山河雅称为前山水道，是一条属于珠海和澳门两地的母亲河，北山村就在河的南畔。北山人杨姓居多，据说村子是杨家将的后裔为远离兵荒马乱而来到这一片天涯海角之后所建。在中国，北宋的杨家因保家卫国而妇孺皆知。杨家历代出武将，有人说北山村这一支杨氏宗族是北宋元丰五年 (1082 年) 从中原地区迁徙而来的，也有人说是南宋嘉熙元年（1237 年）从广东北部迁来到北山。总之，历经元明清三代，杨家在北山村开枝散叶，直到清代进入事业高峰期，也因此在北山村留下了很多十分精致的祠堂建筑。

与广东地区典型岭南风格的村落组织形式不同，北山旧村明显带着中原的风格。建筑围绕中轴线展开，所有民居坐南朝北，这和中国传统的坐北向南的村落格局完全相反。据说，这种特殊的形制是杨氏表明身在天涯心向朝廷。北山古村有着相当先进的公共设施，除了规划有序的石板路和排水地漏外，村里的供水体系也很完备，五六十眼深达两米的水井合理分布在古村的各个位置。

北山村内的杨氏大宗祠是珠海最大的宗祠，始建于清朝同治七年（1868年），四进三院，可以说是中原古建筑与岭南古建筑艺术结合的经典。

宗祠门外用矮墙围成左右两个小院，分别耸立两座旗杆和一对石狮。穿过中间的砖路，便是宗祠的主建筑了。大门上方悬挂着“杨氏大宗祠”的牌匾，两旁是“源分东汉，秀毓北山”的楹联，一层意思是说北山的风水秀毓，别一层意思是说杨家源头来自中原。宗祠内收藏有一块“诰命”牌匾，是同治皇帝赐封杨家的，彰显着杨家将昔日的荣耀。两扇大门上是一对门神，形象威武，很有杨家武将的气度。

杨氏大宗祠三进夹两天井的格局中，巧妙的是从门厅开始由外向内逐步抬升，天井与房子之间存在微小的高差，不经意间圆了步步高升之意。宗祠建筑构架是由硬山顶、青砖墙和抬梁与穿斗混合木结构构成，稳重扎实，四周有花园、池塘。最吸引人的是建筑中的岭南元素，建筑细部采用大量砖雕、灰雕、木雕、石雕工艺，且用得恰到好处，艳而不俗。几面巨大通透的瓷窗釉色明亮稳重，红底描金的木雕玲珑剔透，用色极其大胆。砖雕主要用于屋檐，精致优雅，而岭南特色的灰雕被用在屋顶的脊梁上，避免了灰雕的艳俗。

除了历代的武将、官员，北山村的历史厚度也来自一位中共党史上的重量级人物——与李大钊并称为“南杨北李”的杨匏安。杨匏安于1921年加入共产党，和珠海历代先贤一样，擅长学习西方先进文化。1919年，杨匏安撰写了大量介绍新文化和马克思主义的文章，他编译的《西洋史要》是中国第一部叙述国际共产主义运动史的著作。

除了大宗祠，在北山村还隐藏着保遐杨公祠、澄川杨公祠、龙溪杨公祠、秋崖杨公祠、章成杨公祠、景辉杨公祠、北山会馆等建筑。近年来，北山村吸引了一批文化人进入，他们在保持、修复古建筑的前提下为北山注入了丰富多样的文化业态，把这里变成了一个文艺青年创业聚集地。随着北山大院、北山精舍、停云书房、北山居民宿、北山音乐节、素食、咖啡、烘焙、茶馆、古琴馆、花店、太极、美术馆纷纷入驻，北山已成为如今珠海最富人气的文化地标，一股“潮气”也深深感染了这里的原住民。

01　杨氏大宗祠大门上方悬挂着“杨氏大宗祠”的牌匾。

02　修复后的北山会馆由本乡公约、医帝庙和康真君庙、财帛庙组成，正面有杨匏安陈列馆，从侧门进去是美术馆。

03　宗祠后的百年木棉树年年开花。　04　精美的砖雕细腻灵动　05　瓷花窗

06　木雕人物故事，仿佛是戏台上的一个定格。

西行记

斗门传奇

◎斗门旧街

在很多人的眼里，珠海满是年轻的风韵，清风拂面，杏花春雨，海浪微漾，帆影飘摇。情侣路的浪漫，香炉湾的闲适，日月贝的现代，石景山的旷达，都是不可错过的风景。

然而，海滨风光只是这座城的万种风情之一；一路西行，海岸线的绵柔化为『磨刀门』和『虎跳门』的凛冽，在西部的深处，藏着这座年轻的城市深沉的历史和不为人知的秘密。

“汇兑银两，接理书信”是中国国际银行和邮政业务。

不知多久以前，斗门是个海湾，湾内山峰耸立，居中的黄杨山脉如巨龙般绵延。人类在这里最初的痕迹已很难追溯，这里的千年繁华却是水流交汇之处定是丰裕之角的完美证明。

西江水从云南马雄山奔流而来，到此五门分流，汇入浩渺的海。这条中国第三大水道，带着沿岸的沃土，淤积出几十个河网纵横的绿洲。黄杨河水滔滔，不计其数的小河小涌，将斗门分割成一个个小岛，把这一片山河之域变成丰饶水乡。

这个珠三角的南部端点，是珠海陆路交通的西大门，是抗战岁月里中山县临时政府所在地，也是斗门地区 “一山一寺一温泉，一皇一将一家族”的人文景观浓度升至最高之地。独具质感、原汁原味的历史风貌，也孕育着华南最大的影视基地。

历经一千多年风雨的斗门镇，东枕巍峨的黄杨山脊，西临暗流凶猛的虎跳门，古语称这里为“斗门墟”。

如今，这里的一草一木，依然有着别样的萧杀，风雨里依然有“宋末三杰”的国恨家仇，菉猗堂的蚝壳墙依然守护着一个孤独的身影和一段残破的传奇。这里见证了拥有中国封建王朝历史长河中罕见的海洋防务远视的南宋王朝的海上滑铁卢和荒诞收尾。1279 年，一个昏雾四塞的夜晚，中原王朝被逼至凶险如一扇半掩之门的崖口，大宋最后的忠臣陆秀夫跃进深海，十万军民跳海殉国，留下崖山之后无中华的悲凉，也把宋末的轰轰烈烈和无可奈何永远留在了斗门的史册里。

骑楼的灰雕装饰如同一幅风俗年画。

1850年代的斗门镇，百货店和钱庄生意红火，澳门、加拿大的建筑师、牧师等宗教人士是镇里的常客，很多人在这个鱼米之乡安顿下来，也带来了教堂的钟声。活跃的商贸和多元的文化交流，让小镇成了一个热闹非凡的国际社区。随着在斗门做生意的外国人逐渐增多，原有的商业街道不堪所用，学建筑出身的加拿大牧师嘉理慰决定规划设计一个新的商业街区。

五百多米长的丁字形街道，小巧致密，全部以青石铺路，两边是密密麻麻的骑楼商铺，南洋风尚和岭南元素大胆叠加出明丽欢快的色调。空间布局分前后座，前座两层，二楼临街部分多为主人的会客厅，后座有三楼甚至四楼，带着水井的后花园低调地错落其间，别有洞天。今天的游客，游走在鲜艳的玻璃花窗下时，会忍不住遐想小院里曾经的果树繁茂和黄发垂髫。

由于统一规划，博采中西，特别是建筑师在尖顶的装饰柱和拱形门窗上的压花玻璃上下的苦功，让这条街一面世就艳惊四方。到20世纪初，商业街上已经有了广英祥、大昌、祥盛等十余间布匹店、多间百货店、中药店、米铺、钱庄。这一方别致、迷人的空间，也成了1995年出品的电影《大辫子的诱惑》的取景地。

斗门老街上的古董店除了古董还销售自产的陈皮普洱。

爬上骑楼陡峭的楼梯，登上屋顶的露台，老街呈现另外一种气势。

20 世纪 90 年代后期，随着经济中心的转移，旧街的商业走入沉寂。街两侧的老屋物是人非，有些已是人去楼空，成了燕雀的归巢。然而残旧的砖瓦丝毫不影响旧街的魅力，一个多世纪前的盛世繁华和斗门墟的传奇，刻进了街口铿锵的“斗门”二字里；商铺门楣上，“接理各埠银信”“选办环球货品”等各色广告依然清晰，当年这里可是国际金融和贸易中心。如今，大部分店铺经过修缮和保护，岁月的风霜更添旧街的古朴优雅，也因为古建筑的主人守护祖业的强大意识，缤纷典雅的气息依然在这里流转。走在骑楼下，仰头望靓丽的檐廊，不难有穿越时空之感，一百年前的风云际会围绕身旁，商贾云集的景象仿佛就在昨日。

老街一直保留着“墟日”的传统，今天的“墟”更像是一场文化市集，在走马观花的游客眼里，这样的场景让人感觉时空错乱、历史再现。

斗门旧街是目前珠海唯一保存完好的旧街遗产。在飞速变幻的城市建设中，老街依然被老一代原住民守护着，也正在被年轻一辈重塑着。无论怎样，一座活着的古城，是一桩幸事。

容兆珍 (1912-1987 年)

祖籍斗门龙坛村，出生于美国加利福尼亚州圣荷西市。父亲容嵩光于清光绪七年赴美，后在美加入同盟会，支持孙中山领导的民主革命。容兆珍从小就受革命思想的熏陶。在史丹福大学获取硕士学位后，任美孚石油公司工程师。二战爆发后，毅然投身反法西斯战争，服役于美国陆军，赴中、缅、印边境作战三年，在中缅边境负责向前线提供补给和训练中国远征军期间，立功晋升为上尉。

1944 年 6 月，容兆珍作为史迪威的得力助手，参与策划和指挥若干战役，其中最著名的是松山一战。在这场残酷的战斗中，中美军队获决定性胜利，缴获大批战利品。返美后，容兆珍因功名赫赫被擢升为上校，成为二战期间第一位取得上校军衔的华人军官。

退出军界后，容兆珍进入工商界，热心侨团工作。容兆珍酷爱中华文化，自 1977 年起先后八次与夫人李如心来华参加国庆观礼和孙中山诞辰纪念活动，并多次回乡寻根。

位于斗门区井岸镇西堤路的斗门区博物馆，由容兆珍夫妇捐赠人民币 117 万元兴建，藏品包括夫妇俩悉心收藏的百多件文物。

到20世纪初，商业街上已经有广英祥、大昌、祥盛等十余间布匹店及多间百货店、中药店、米铺、钱庄。从鲜艳的绘画和店标不难看出这些老字号当年的实力。

绿竹猗猗

○菉猗堂

逸峰赵公祠

南宋暮年，元军一路掩杀，中原王朝沦落成半壁江山。据说，在斗门新会一带与元军进行最后的厮杀之时，当时居住在南门村附近的赵家招募三百家丁去崖山勤王，得到陆秀夫的盛赞。陆秀夫不仅让南宋的末代皇帝为斗门赵家恩赐匾额“忠孝义士”，还嘱咐他们携部分皇室宗亲逃离元军杀戮，在当地乡村隐居。此后，赵家人才开始建设南门村，赵氏的皇家血脉也得以延续。

不过，随着斗门赵氏族谱的出现，已经有证据表明皇家血脉在南门村始于崖山之战前 29 年的 1250 年。南门村赵家的先祖是赵匡胤胞弟赵匡美的后代，最早到达广东的是宋魏王赵匡美的第八代传人赵怿夫，在 1234 年从江西到广东任香山县令。在他去世后，他的后代就在大赤坎一带定居下来。将近七百年的时间里，赵家后裔一直在这里繁衍生息，传了三十多代人。他们谨记家传，恪守祖训，修建宗祠，光复传统。

赵家在南门村的第四代传人赵梅南（1296–1365 年）是个守正不阿、诗书兼修的君子，一生隐居乡里，著书立说，尤其爱竹，给自己取号为“菉猗”，寓意来自《诗经·卫风·淇奥》。赵梅南终生不仕，躬耕乡里，造福子孙，深得后人敬仰。明景泰五年（1454 年），其曾孙赵隆建筑了菉猗堂，以奉祀这位先人。

菉猗堂典型的岭南风韵一览无余，精美的龙舟脊和梁架上铭刻着海岛人的族居亲睦和本真的艺术审美。明初，用吃剩的生蚝壳做建筑材料成为盛产生蚝的珠三角一带民间建筑的时尚。生蚝壳拌上黄泥、红糖、蒸熟的糯米，一层层堆砌筑成的墙体，不仅具有非凡的隔音效果，而且坚固耐用、冬暖夏凉，据说还能抵挡枪炮。阳光斜射在凹凸不平的墙面上，极具线条感和雕塑感，古代劳动者朴素的智慧令现代人观止。有好事者统计，菉猗堂的外墙使用了数百万只蚝壳，墙体厚度达 65 公分。六百年沧海桑田，蚝壳墙屹立不倒，展示着南门村独一无二的历史肌理。

01　蚝壳墙是用生蚝壳拌上黄泥、红糖、蒸熟的糯米，一层层堆砌起来筑成墙体。
02　中式祠堂建筑采用了有“禄”纹样的铸铁大门。
03　菉猗堂的蚝壳墙使用了数百万只蚝壳，墙体厚度达 65 公分。

01

02

03

接霞庄○

相比于菉猗堂的厚重，接霞庄算是一股清流。庄内一池莲花，庄外清泉绕城。

其实，早年的接霞庄以建筑的豪华而著称。接霞庄是雅称，大约建于清代中叶，传说村民们都是宋朝开国皇帝赵匡胤的胞弟赵匡美的后裔，因而有了俗称赵家庄。因为赵氏是皇族后裔，赵家庄也被赋予了几分神秘色彩。据说，因为村子有河围绕，林木茂密，所以村子的周边常有祥云缭绕，被族人称为“瑞霭”，被当成是大吉大利之象，于是充满乡土气息的“赵家庄”有了接霞庄这样一个儒雅、浪漫的名字。

清代是赵家庄最辉煌的时代。当时的赵家家族中有人在苏、杭、开封等地经营茶叶，在粤西经营药材而致富。有人说，光绪年间的接霞庄内有亭台楼阁、小桥流水、鸟语花香，好比《红楼梦》中的大观园。庄内建筑风格统一，布局整齐，建筑仿照广州的西关式样，请了佛山的建筑师傅精心打造。广州西关的建筑以三进三坡屋顶三道门而著称。庄内赵登群大屋有左右后三个花园，墙底用花岗岩砌成，花岗石门柱配上香樟木门框，门窗外以精美洋气的灰塑花纹装饰，这不仅仅体现了赵家庄人的富裕，更显示了他们广博的见识和高尚的审美。

今天的接霞庄依然豪华而隐秘，给人以神秘感。村庄被茂密的树林遮掩，小小的村庄被一条两百多年前修建的护庄河围绕着，河宽 38 米，长 350 米，深 2.5 米。这条人工河道把村子与外界几乎完全分隔，进村的唯一通道是一座窄窄的吊桥。据说沿河的水底还布满了装有钉子的木桶，村子繁盛之时，盗贼从未成功进入过村庄。庄内 191 米的石板街由五块花岗岩铺成，宽度达到 1.73 米，笔直地横贯全村，可以想象当年赵家一宗聚族而居，全村首尾相接、一呼百应的祥和气氛。

走过长长的吊桥，路过一片巨大的百年榕树，在村口的池塘边随便询问一位村民的姓名，都说自己姓赵。几百年来，全村依然保持着浓厚的宗族传统，一草一木都被悉心守护。很多想住新瓦房的年轻人都将新屋建在旧村之外，如果古村内的旧屋倒了，村民们会任由一棵棵大树在旧地基生长，而不会以新的水泥建筑取而代之。接霞庄西关建筑的气派已经日渐淡去，大木门、脚门、趟栊门的三重门已经成为古迹，但旧村的气韵依然，花池清澈，护庄河始终守护着村庄的宁静，如百年之前一样。

350 米长的人工河道把村子与外界几乎完全分隔。

面海起舞

——珠海的非物质文化遗产

珠海人面海而生，有着向海洋讨生活的传统，因而珠海留存的非物质文化遗产大多与海洋有关。随着渔业生产方式的改变，这些代代相传的文化形式消失得愈发迅速。除了政府在努力推动非物质文化遗产的拯救工作，更多的民间人士正在用热情和自发的强烈责任感记录、传承、活化散落的文化珍宝。

这一场文化的救赎和复兴，是一场古与今的相互顾盼，一次长与幼的对话和牵手。“传承”是一场向死而生的长远事业。文化领袖和乡野村民正在合力，重现传统文化艺术的瑰丽，而“传统”的重生，也蕴含了珠海人身份认同的深刻意义。

白鹤之舞 向死而生

八百年历史的国家级非物质遗产／以舞为主，以歌和锣鼓伴奏

○

三灶鹤舞

2013年，一部名叫《鹤无双》的微电影横空出世，让大众注意到了位于珠海南边的一处村庄——三灶。在《鹤无双》的故事里，德高望重的“鹤王”陈福炎，正带领着村里的舞鹤队敲锣打鼓，为村民们祝福，祈祷来年风调雨顺、国泰民安。画面恍若一段黑白默片，充满庄严的仪式感，却也透着些许无奈。

在影片中，陈福炎扮演三灶鹤舞的传人，被村里人称为“鹤王”。“鹤王”虽为王，却苦于无人继承衣钵。这时候，他想到了自己的小孙子小飞，但小飞并不了解其中深意，反而因为贪玩烧毁了爷爷精心制作的鹤衣。多年后，经历了

陈福炎，三灶鹤舞首位国家级传承人

三灶鹤舞演绎了仙鹤临门、觅食、洗嘴、梳毛、休息、嬉戏、归巢等七个过程。以舞为主，以歌和锣鼓伴奏，三者结合在一起，场面欢快、热烈、祥和。鹤舞还有开光、拜老、羽化这三个约定俗成的礼仪，有很强的仪式感。

人生不易与酸楚的小飞重回故里，继承了爷爷的遗志，传统鹤舞也注入了年轻新鲜的血脉，焕然新生。

这个动人的励志故事，是珠海民间非遗卫士李伟年导演协同 87 岁的三灶鹤舞传承人陈福炎老先生共同打造的。电影不仅讲述了鹤舞传承的故事，还将珠海市金湾区的自然生态景观与传统民俗文化用唯美的画面和饱满的剧情生动地呈现在大众视野内。陈福炎老先生更是在片中本色出演了“鹤王”。

陈福炎也是三灶鹤舞传承历史上开先河之人。正是他力主推陈出新，采纳女弟子传承鹤舞，才打开了鹤舞传承之新局面。据陈福炎回忆，碍于海上人家旧时的迷信思想，三灶鹤舞从宋代开始就一直不传女性，直到 1997 年。那一年，来自广西的邓艾珍嫁入金湾三灶海澄村，成了一名珠海媳妇，也在这里与一个拥有八百年历史的国家级非物质遗产结下了一段奇缘。

阿珍来到海澄村不久，恰逢村里长者们开始寻找鹤舞传承的新路径，陈福炎提出了收女学生的想法。鹤舞传承人功力和品德同样重要，阿珍成了千挑万选之后的女传承人。

从一名舞台下的观众过渡到鹤舞的首位女性传承人，过程是可以想见的艰苦。鹤舞以模拟鹤的动作进行舞蹈表演，其中有很多鹤步点地的动作，男学员身体素质较强，容易掌握要领，而如阿珍一样的女学员则很容易在练习的过程中因为肌肉强度不够导致脚踝肿起。另外，表演者需穿戴鹤舞必需的道具鹤衣，鹤衣以竹子为骨架，编制出白鹤的身形躯干，表面装饰雪白色羽毛以丰满白鹤形象，整副鹤衣重约四公斤。背负如此重物再做动作，对女舞者来说尤为困难。尽管如此，阿珍仍然漂亮地完成了表演，连陈福炎这样的资深舞者都赞叹阿珍的平衡性和协调性好，舞步轻盈。

01

02

03

04

01—04 李伟年导演协同八十七岁的三灶鹤舞传承人陈福炎，倾情打造的微电影《鹤无双》。

水载柔情 痴缠乡音

○斗门水上婚嫁

01

02

01 《灯笼暖》——珠海首部国家级非物质文化遗产“水上婚嫁”主题原创音乐MTV。

02 2009年6月，郭幸福被确定为珠海市第二批非物质文化遗产名录代表性传承人。

03 水上婚礼船队

03

在斗门区莲洲镇横山村，有位无人不知的 76 岁老翁——郭幸福。

郭幸福是横山村原生居民，大半辈子未曾离开过这片养育他的乡土。前半辈子安静本分地守着自己的小日子，岁月平和静好，但自从被认定为国家非遗斗门水上婚嫁的传承人，忽然忙碌起来，也成为了当地的文化明星。

“只是唱唱歌，演演媒婆就火了。”轻描淡写中，是岁月磨砺出的豁达自在。如今，他做的每一件事都带着“责任、坚守”四个字——重现水上婚嫁、挽救快要消亡的咸水歌、将民歌引入课堂，感觉已成为了后半辈子的使命。

当年，郭幸福也曾因生计而险些与水上婚嫁分道扬镳。自 2007 年被委以传承人的重任后，他为了拯救这些几近消亡的民俗珍宝，毅然挑起这竿传承大旗，原本平淡的生活因为肩上的这份担子变得沉重，但郭幸福却是甘之如饴地守着这块乡土，守着这一星点“乡音”。

“一寸光阴一寸金，寸金难买寸光阴，学习时间要抓紧，枉费一刻世难寻。”脸上贴一颗硕大黑痣，身披粉红绸缎，手里看似随意地摇晃着蒲葵扇，配合滑稽的表演动作——由郭幸福反串的媒婆，此刻正吟唱着对生活的美好叮咛。

顾盼神飞 乾务飘色〇

手指粗的荷花梗上，脚趾粗的缨枪头上，站着吹笛唱歌的孩童，稚嫩的脸上浓浓的妆，每一个顾盼神飞的瞬间，都仿佛天方夜谭的神话。

明末清初的广东，时局动荡，戏剧、音乐、舞蹈等诸多艺术形态无人继承、几近消亡。精神生活匮乏的窘境下，岭南一带的人发明了一种颇为诡异夸张的游戏，苦中作乐，这便是飘色。 而珠海斗门乾务镇人又把这种艺术发挥到了极致。

“飘”是脱离地面的凌空之美；“色”是精心巧妙的伪装。“飘色”是广东白话，意思是以装扮艳丽的彩旗队、彩车队、傩戏造型队和唢呐、歌舞、舞狮队、舞龙队等不同形式组成的游街活动，是一种融戏剧、魔术、杂技、音乐、舞蹈于一体的古老民间艺术。在不同地区，飘色亦有抬阁、彩擎、高抬、彩架、扎故事等各种名称。飘色先后经历用手推车和木铁轴的“转色”和使用“色抬”的“板色”两个阶段，扮成各种造型的人物称作“妖色”。板色阶段的服饰更为华丽，人物数量也增加到四个。

最初，飘色的技术核心是一条纤细的“色梗”，因而飘色的变迁也很直观地反映于此。飘色最大的亮点是“色仔”“色女”。在色梗制作颇受局限的旧时代，“色仔”“色女”年纪较小，尤其是位于上面的“飘”，大多是七八岁的孩童，因而常可见在花车游行的中途，在半空的小孩开始哭闹的情形。随着制作技术的发达，承重局限基本已被打破。不过，要想成为“色仔”“色女”可不容易，他们的装扮和演示、精神状态都关乎整个活动的成败，俊俏且精灵的孩子才能胜任。

旧时，飘色都是穿梭于巷陌，表演者与观众几乎是贴身而行。发展至今，飘色已从乡村走向城市，为钢筋水泥的森林添上了一抹活色生香的天真和激情。

醒狮

斗门醒狮融武术、舞蹈、音乐为一体，属于中国南派醒狮艺术。醒狮制作有佛山狮和鹤山狮，分红、黄、青、白、黑等颜色。表演方式有单狮表演、双狮表演和群狮表演，多以三星鼓点、七星鼓点、七星与三星混合鼓点作指挥。每头狮子由狮头、狮尾两人合作表演。醒狮舞法主要有：狮子出洞、上楼台、桩阵、板凳、桥头青等，造型有佛装狮、鹤装狮等。斗门醒狮是斗门人民逢年过节、喜庆典礼中不可缺少的文化活动之一，也是人民安居乐业、社会祥和欢乐的象征。

装泥鱼○

装泥鱼起源于清乾隆三十年（1765年），是乾务镇一项极富地方特色的传统习俗，在斗门区的虎山村、荔山村、马山村、网山村、大海环村、石狗村尤为兴盛，至今已有二百五十多年的历史。当时的虎山村村民黄元亨及其次子黄子常在带领族人生产劳作的过程中，发明了用竹片编成鱼篓来捕捉泥鱼的方法，并传授于邻村兄弟，成为他们主要的谋生技能。为在滩涂地上更快地寻找泥鱼出没的洞口，村民们又在年复一年的实践中发明了一系列巧妙的工具——可在浅滩上滑行的泥板，妇女们缝制了功能类似雨靴的多层蚝袜，为保护双脚不被浅滩上的蚝壳割伤。这一独特的劳作方式对当时斗门的渔业贸易起了有力的推动作用。2011年，装泥鱼习俗进入第三批国家级非物质文化遗产名录。

一指禅推拿○

源于中国古代按摩术，受禅宗思想影响而逐渐发展成型。其推拿手法秘籍靠代代口传身授，其中的禅佛理论听起来有些玄妙晦涩。“一指禅”除按、摩、推、拿四法外，还增加了搓、抄、滚、捻、缠、揉六法。每个施术的医师须练内外功，使两臂及十指骨节能柔曲如绵，更需练内功，以调匀气息，贯全身之气于一指之尖，使指尖直达病源之所在，其功效胜于药石。

前山凤鸡舞○

前山凤鸡舞起源于明朝，清末民初盛行于珠海前山一带。表演者上半身穿着用篾为骨架、装饰着彩色绒毛的公鸡形象外衣，下半身穿着金黄色的有着鸡爪装饰的彩裤。表演分为金鸡探望、金鸡戏水、金鸡梳妆、金鸡寻宝、金鸡瑞步、金鸡起舞等环节，不断重复，最后是“尾声退场”。村里举行大型的祭祀或庆典活动时，都会有金龙出游、以一只凤鸡和一条鲤鱼为金龙引路的彩装游行。

在珠海，不会有都市人没时间看书的遗憾，爱书之人的交流和碰撞如同空气一样寻常。书店在市井的喧嚣中沉着、自在，赋予这座城市浓浓的书卷气，让陌生人在书中交会心灵，无声地孕育着社会生活的和谐气息。不论潮流如何变幻，这里始终有张爱玲和茨威格，有丰子恺和土家野夫。一个个清雅的空间，让每一个路过的人停下脚步；无论冬夏，这里都是脉脉春风，每一杯咖啡都是倾尽匠心之事。

遇见诗意的生活。

文艺的力量，在温柔四季里徜徉。潮汐是海的呼吸，涌动着城市诗意的生活。

铁与木的碰撞

○古元版画

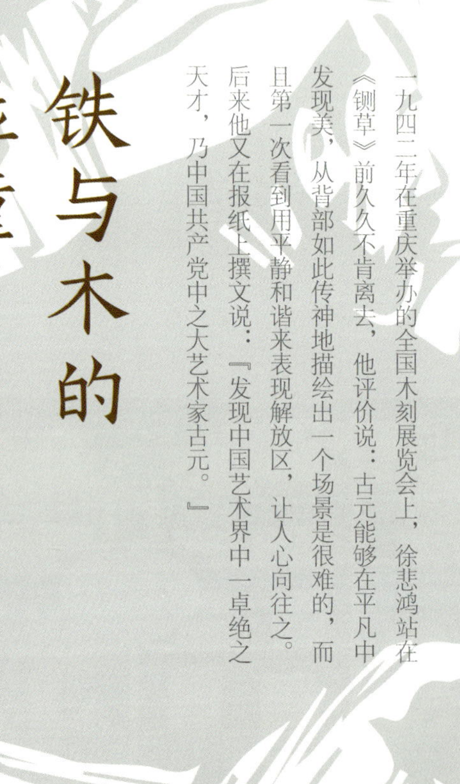

一九四二年在重庆举办的全国木刻展览会上，徐悲鸿站在《铡草》前久久不肯离去，他评价说：古元能够在平凡中发现美，从背部如此传神地描绘出一个场景是很难的，而且第一次看到用平静和谐来表现解放区，让人心向往之。后来他又在报纸上撰文说：『发现中国艺术界中一卓绝之天才，乃中国共产党中之大艺术家古元。』

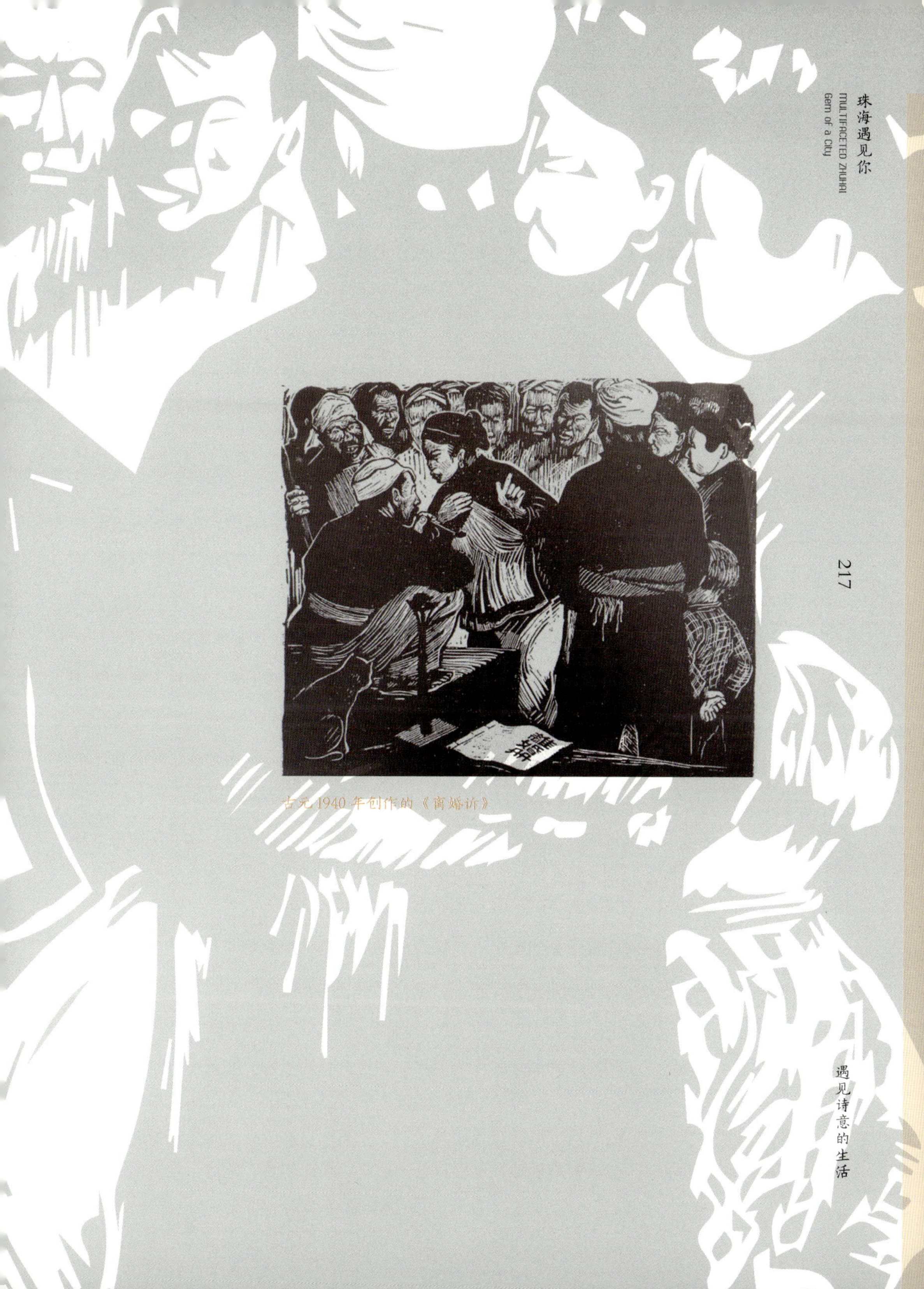

古元1940年创作的《离婚诉》

1938年夏天，19岁的古元学着广州八路军办事处干事的样子行了人生第一个军礼，踏上了去延安的路。

投身延安的古元感受到了扑面而来的抗日气息，在精气神最蓬勃的年岁，男孩心中的每一天都是满溢的创作激情。三个月的政治和军事学习期间，他就已抑制不住自己的艺术荷尔蒙——画壁画、出墙报、写标语，同时开始尝试木刻。凭着在来延安前一直热爱绘画、坚持写生打下的功底，来到延安的第二年，古元就成了鲁艺美术系的学生。

鲁迅艺术文学院大概是世界艺术教育历史上绝无仅有的特例：在中国抗日最胶着的时期、在陕北贫瘠的黄土地上，爆发式地诞生了数量巨大的文艺巨匠，古元是其中之一。

当时的延安，和非常稀缺的水彩、油画纸、笔和颜料相比，刀和木版比较容易找到。版画的可大量印制，又让这种艺术形式成了最好的抗日宣传载体。于是，这个满腔热血奔赴革命的年轻人拿起刻刀，开始了贯穿他一生的版画创作。

毛主席来到了鲁艺，倡导学生们奔赴更广阔的天地，“作为艺术学院的鲁艺是小鲁艺，而整个解放区是大鲁艺，大鲁艺才是艺术创作的大天地。”

按照毛主席指示，刚走出学校的古元又一次走上了革命之路，这一次，是奔赴火热的解放区生活。他先来到了延安川口区碾庄乡担任文教委员兼乡文书，住进窑洞，和碾庄村42户农民生活在了一起。碾庄村刚刚开始识字扫盲运动，古元制作了很多常用字的画片教老乡们识字。农村人最喜爱家畜，他就把“牛”“马”“羊”等认字片送给老乡，老乡们很快就掌握了这些字，也非常喜欢识字片上的图案。很快，画着大公鸡、大犍牛、大肥猪、骡、马、驴、羊的图片成为了老乡们炕头的装饰画。

火热的生活和老乡们质朴的审美情趣，让古元找到了全新的艺术语言。和老乡们朝夕相处的日子里，每一天都是灵感迸发，他创作了《牛群》《羊群》《铡草》《家园》四幅木刻，然后拓印很多份送给乡亲们。老乡们常常围在一起议论他的画，有人由衷赞叹：“这头驴真带劲！”也有老乡指着画里的牛说：“这不是刘起兰家的

01　工作中的古元

02　版画工具。版画的可大量印制，让这种艺术形式成了最好的抗日宣传载体。

01

02

01

大犍牛吗！”还有老乡会提出批评：“放羊娃不带狗不行，还要背上一条麻袋，母羊在山上下羊羔装进麻袋里背回来。”从乡亲的热爱和肯定中，古元不仅感到欣慰，更找到了一条自己独有的现实主义创作之路，他的版画技术也日益成熟，自己的风格真正开始成型。

《铡草》可以说是这个时期古元版画艺术的代表作。刀法娴熟、犀利，在借鉴苏联版画刀法的基础上，古元的版画更加细腻、含蓄，陕北剪纸手法的运用，又给作品带来了黄土地的味道。画面中，两位农民忙着铡草，为牲口准备饲料，主体人物被艺术家设计成一个背影，却更突显出了劳动者的力量之美。农民的背心紧裹着结实的后背，几乎要被肌肉的张力撑破。远处，一个孩子亲昵地搂着小毛驴，小毛驴的眼睛透出温顺的光。作品甜美、朴实，简洁的线条里，是深深切切的感情。

1942 年，在重庆举办的全国木刻展览会上，徐悲鸿站在《铡草》前久久不肯离去，他评价说：“古元能够在平凡中发现美，从背部如此传神地描绘出一个场景是很难的，而且第一次看到用平静和谐来表现解放区，让人心向往之。”展览结束，意犹未尽的徐悲鸿买下了这幅作品。后来，大画家又在报纸上撰文：“发现中国艺术界一卓

03

01 《离婚诉》（1943 年）
02 《结婚登记》
03 《铡草》

绝之天才，乃中国共产党中之大艺术家古元。”古元的其它展品，被毛泽东、周恩来送给了国际友人，作为红色中国的象征，至今还被这些国际友人珍藏着。

古元的版画质朴细腻，他尤其擅长刻画战争的背后，用残酷的背影反衬对美好平静的渴望。他对人物神态有着独到的捕捉和表现能力，寥寥几刀，情绪和气氛便如在眼前。从乡村走向解放区的古元，用他对平凡乡村生活和普通农民的热爱，以堪比现代纪录片的真实和动人，描画出延安生活的无数动人瞬间。艺术家对生活的极致观察，在《结婚登记》和《离婚诉》这样的作品中清晰可见。《结婚登记》中，扎着白羊肚手巾的小伙子兴奋、鲁莽，头戴小野花的姑娘羞涩、暗喜，腰插烟袋头戴军帽的公务人员认真细致，看热闹的乡亲们好奇、高兴；《离婚诉》（1943 年）中，主诉妇女的气恼、丈夫的沮丧、婆婆的无奈、公务人员的沉思、看客们的探头探脑，一切都没逃过古元的慧眼。这种风俗画般的创作，不仅富含时代气息，更出自极高的艺术手法和品位。然而，“时代性”远远不能概括古元的艺术语言，他的敏感、敏捷、细腻和乐观向上中夹带的一丝顽皮诙谐，让他的艺术超越了他自己所处的时代，至今看来依然妙不可言。

1941年，古元重回鲁艺，担任美术工场的木刻组长。这一时期，他的作品题材更加丰富，风格越发多元。他依然扎根在解放区的黄土地上，依然让自己和农民融为一体，用铁在木头上耕耘不停歇，一寸寸、一刀刀，为人民的解放事业讴歌。抗战结束后，古元转赴东北，继续用刻刀表现土地改革和解放战争，作品场面越来越宏大、气势越来越磅礴。

水彩画《渔女》

1949 年之后，古元的创作趋向恬静美丽的自然生活。进入晚年的古元，越来越思念、热爱自己的家乡，魂牵梦绕的珠海老家让他创作了《大榕树》《渔女》这样的水彩画。1983 年，国务院任命古元为中央美术学院院长。1996 年，古元决定将部分作品和实物捐给家乡。同年 4 月，一颗艺术之星陨落。

古元美术馆入口

今天，纪念这位伟大版画家的古元美术馆已成了这座城市的艺术坐标。开阔的梅华东路上，郁郁葱葱的凤凰山下，古元版画的朴素之光穿透美术馆外墙的青藤，直射进每一颗敏感、艺术的心灵。茂林修竹之中，艺术家的灼灼眼神，依然引领着一座城市的美学方向。

古元美术馆

1996年，中央美术学院院长、著名艺术家古元决定将他的一部分作品捐给家乡珠海。2005年，珠海市政府开始筹建古元美术馆。2007年，根据古元遗愿，他的女儿们将古元的版画原作105件、水彩原作70件、版画复制品、印刷品58件以及遗物移交给珠海市人民政府。2008年，以中国杰出的人民美术家、美术教育家古元命名的古元美术馆在凤凰山麓落成开馆。

古元美术馆是珠海市第一座市立美术馆，占地一万平方米，集美术馆、小型博物馆和个人纪念馆于一体，履行美术馆典藏、研究、展览、教育、服务、交流等六大功能。一楼的一部是古元作品的永久展厅。美术馆还是中国版画家协会古元研究基地和中国版画培训基地。

古元故居位于珠海唐家湾镇那洲村。古元的父亲古万建，年轻时跟随同乡漂洋过海到巴拿马谋生，在华侨经营的商店做杂工。几年后，他用积攒下来的工钱在当地开了一间小杂货店，又娶了一位黄姓婢女续弦。1912年，古万建思乡心切，把商店留给两个子女经营，自己偕黄氏返回家乡定居。他在那洲村口盖了两间瓦房，买了几亩地，男耕女织，生下了包括古元在内的六位兄弟姐妹。

古元故居由正房、小院、花园和围墙组成。正房为土木结构映山式砖瓦平房。正厅高四米，设有神楼，中间有一个小花园，种植的龙眼、黄皮和芒果等果树都已有百年树龄。神楼上的神龛里放置着古元亲手绘制的父母肖像。墙壁、门额和屋檐上绘有山水花鸟的工笔画和灰塑，灰塑中的花草虫鱼颜色鲜明，甚至能看见花瓣，层次丰富。故居的很多建筑细节都散发着艺术的气息，也给了古元最早期的艺术审美教育。

古元故居

无界美术馆

○情侣路北端—当代艺术空间—极致的设计理念

山风从西北越山而来，海风从东南过海而至，两种气流恰好在唐家湾半岛上相遇，有风有雨有阳光。舒展在这 1500 米海岸线上的格力海岸 COAST PARK 被称为“滨海艺文空间”。书店、美术馆、影城、咖啡馆相聚在半岛之上，成为一个文艺乌托邦、一个灵魂的飞地。无界美术馆除了当代性之外，更大的特质是与生活美学的融合，令人沉浸于生活和艺术的无界之美。

在一片白色弧形包围之中，艺术唤醒每一个人的知觉：郁闷的变得愉悦、急躁的变得轻柔、粗糙的变得敏感。

美术馆内圆润流畅的空间线条，在视觉上最大限度消除了边界之感，将天、地、墙连成一体。置身其中，如同在没有边界的空间，伴随着开阔的落地玻璃窗引入的明亮光线，整个空间散发出轻盈、平和的气质。美术馆的照明系统亦与空间一道，随访客的游走而起伏，形成一条有节奏的环形路线：序章空间的明亮，次展览空间和主空间的渐暗，画廊和尾章空间的暗，直到艺术商店区域再次重返明亮。这条迷人的动线，创造出如影随形的妙趣，温柔地带着你的心在艺术中游走。

无界美术馆在运营上也致力于消除艺术的界限。在这里，没有被孤立的艺术，展品不拘泥于艺术家的身份和背景，更不受限于艺术品的形式和数量。“公共性”是无界美术馆的宗旨，艺术馆唯一的目标是拉近艺术与人的距离，将生活、海洋、艺术融为一体。这里，除了当代绘画展，更多的艺术展览涉及装置和日常生活，开放的艺术观念和陈列方式，让每一次展览都能触动当代人的心灵。

作为一个公益的非营利性美术馆，无界美术馆始终与城市保持着良好的互动。美术馆为新一代青年艺术家、新锐设计师提供一个平台，促进艺术家与公众之间的交流，拉近艺术与大众的距离，让艺术变得更有亲和力。无界美术馆首展就汇集了30多位来自国内外前沿和新锐设计师的作品，囊括家具、产品、首饰、器皿、雕塑装置及媒体六个板块，引发了一次跨行业的思维碰撞。美术馆还为孩子提供艺术教育的机会，“乐高5+2创意中心”注重全方位培养孩子的动手能力、创新思维、解决问题等综合素质，激发孩子探索和挑战自己的潜力。

万物在先，我在后

○马可的无用之境

在唐家湾的百年园林间／复兴传统手工艺／让自然界的万物成为时尚

梭子在木织机上一来一去，一经一纬之间，黯哑的碰撞声在唐家湾的阳光里隐约可闻。五百株百年荔枝树荫下，带着棉花、亚麻植物自然光泽的布匹从织机上缓缓流淌而下，松软、绵柔得如同这座城市里华灯初上时的轻柔海风，却又因附着了天地的精气，骨子里反而硬朗。这是一种有态度的织物，带着千百年先祖的生活态度。

北京，沙滩，曾经的北京大学红楼就在此处。中国美术馆背后的老厂房是设计师马可的“无用”在北京的家。2018 年谷雨，是“无用”创立 12 周年，也是北京“无用”家园成立四周年。单纯、静寂的空间里，烛光散漫，夯土墙间，古老的埙伴着鼓点和铜铃开始了与天地的长谈。有着蜜蜂与小鸟振动翅膀般音色的口簧琴渐渐响起，歌手莫西子诗用大凉山深处的彝族歌声吟唱大地和天空，现场观众第一次以躺着的姿态，放掉欲念，让音乐直接进入心的深处。这是一次周年纪念，也是马可用最自然的方式诠释“无用”的品牌内涵。

除了珠海、北京，马可生活中还有三分之一的时间几乎全部给了乡野。民间传统手工艺是马可设计的动力，也是“无用”的本源。2006 年，因为“例外”品牌而蜚声国内外的马可决定离开广州和“例外”，循着内心的声音开始“无用”之行。云贵、江南、西北、岭南……她在古村、山寨里细心梳理，寻找濒临消亡的手工艺：从纺纱织布、染布做衣、打铁制陶、木作编织，直至一箪食、一瓢饮。

『一切的美都源于自然，也应归于自然。我之所以推崇手工艺，并不仅仅是执着于人为的温度，更多因为手艺背后的传统文化。』

“无用生活空间”“无用工作室”都没有丝毫装修的痕迹，灰色方砖铺地、老木板拼接的桌椅、细缝里青嫩的苔藓，米色墙面嵌着通透的老木窗，从倾泻而下的光线里能看到灰尘舞蹈的痕迹。

民间调研回来的马可说："一切的美都源于自然，也应归于自然。我之所以推崇手工艺，并不仅仅是执着于人为的温度，更多因为手艺背后的传统文化。从农耕时代开始，我们依赖手工艺，它随着中国传统文化传承了这么久，没理由被国人忘记。当然，每个人对生活的追求不一样，创建'无用'，至少为人们提供了一个选择，一种精简的、返璞归真的生活。"

自然造物的方式就是这样一点一滴从田野流淌进马可的内心，然后从心里诞生出"无用"的每一个产品和产品的每一个细节。我们常常会想，田野的民间手工方式和现代产品之间是不是隔着重重观念、技术上的阻碍？然而，在马可的手里，两者之间的过渡是如此自然，这源自她对传统的稔熟和文化的自信，远山深处的民族手工艺已经深入她的骨髓，设计与创作因而变得信手拈来。

手工的背后是什么？手工的价值到底在哪里？织布机上阡陌纵横，手工的缝纫针脚如前进的蚂蚁一般细密、缓慢。将植物捣碎加工后浸入布料，在天气晴好、微风正熏时晾晒成色，树林间的花草香伴着鸟声虫鸣，赋予每一件衣物无限生机，宛若从土里生长出来。这绝不是冰冷的机器和生硬的数码图案能给予的温度。在"死物"和"生物"之间，你更愿意让哪一件贴近你的皮肤？就像我们依赖阳光空气、山川水流一般，衣服是与皮肤最贴近之物，需要被用心地倾注和敬重地对待。

马可的设计以棉麻质地为主，纯植物染色也决定了产品的色泽不那么鲜艳、均匀，但自然纤维的柔和、淡雅被表达得淋漓尽致。她也用丝绸，但并不是市面上常见的那种绚丽的真丝，而是布满颗粒和疙瘩的 "人道蚕丝" —— 蚕蛹羽化成蛾，以自然咬破后的蚕茧抽丝织布，破洞会让丝线有许多接口，成品也因而远没有烧茧抽丝那么平滑，但这样的过程避免了工业化的煮茧、缫丝，避免了平白让一个生命因为人类的欲望而消亡。

看着布从织机上一寸寸被编织出来，你才会珍惜每一寸布料。马可的设计把裁剪最小化，巧妙利用每寸布料，剪裁剩下的布料都被充分利用，变成各种小产品。"无用"的核心理念是希望使用者珍惜每一件物品，衣柜里只需要几件衣物，放弃买一堆穿一次的消费方式，一件“无用”产品可以用上很多年。无用的产品都有一个唛头，记录布匹的大小、来源、编号。每一件衣物都会有一块同时染织的布料作为备份存在“无用”的家，当衣物旧了、破了，随时可以找到相同的布料进行修补甚至翻新，旧了的浅色衣物也可以重新染色，通过这样的细节，让消费者学会珍惜自然的赐予，认真享用每一件衣物。

随着田野调查的时间越来越长、范围越来越广、积累越来越多，“无用”的产品也越来越丰富多样。“无用”提供的是一种生活方式：“无用真味”将农人们在家中制作的良心食物推荐给都市人；“无用艺术”将手工艺人的技术通过现代设计让都市人享用；“无用家园”将田野中发现的至美至真的生活和艺术之物带进都市，让人们重回“家园”。“家园”里不只是服装，凡是与生活相关的器物都被带进了当下人的生活：家具、寝具、布包、陶器、食物……

进入“无用家园”，必须走下石阶，推开一扇小小的木门。推开门的一刻，有些人的眼睛就湿润了，因为一种久违了的回家的感觉。

人与人之间的底层差别，就是如何看待人和自然的关系，是将人视作万物之长，随意消耗周遭的资源，或是将人视为与万物平等之物，和万物相互欣赏、共同生存。马可显然是后者。正是在这样的执念之下，12 年前她离开现实的功名，决绝地摆脱国际时尚体系运作模式的束缚，摆脱过度消费的时尚圈，选择了一座不焦虑的城市，在远离都市霓虹的百年园子里重新找寻灵感。在“无用”理念的感召下，很多海外和中国大都市的设计人才慢慢聚集在了唐家湾，秉承与“无用”相同的理念，渐渐喜欢上了这里通透、静谧的空气，在真诚和质朴中重新思考时尚的真谛。

珠海的“无用工作室”隐匿在唐家百年园林的山道和树林的偏角，看上去毫不起眼的白色建筑是所有布料和“无用”产品的出产地。如果说北京的“无用生活空间”是马可面向世界的窗口，那么这里是她的大本营。这里的空气是被时间沉淀过的，一如她推崇的简约、质朴的产品风格，这个空间没有丝毫装修的痕迹，灰色方砖铺地、老木板拼接的桌椅、细缝里青嫩的苔藓，米色墙面嵌着通透的老木窗，从倾泻而下的光线里能看到灰尘舞蹈的痕迹。马可在布满阳光的空间里设计、思考，看贵州阿姨织布、养蚕、抽丝。

马可的衣服从来不是时装，即使在国外数次获奖、展览，也与西方时尚毫无关系。“无用”的每一件作品，从织造布料、剪裁、染色到缝制，都充满了不可控和不确定性，一切都只是顺其自然，一切都只专注一件事——回归自然。马可从不为自己创造的这个品牌设定目标，无论是国际展会还是时尚发布都不在她的计划之中。把田野调研中最好的东西整理、收藏、展示，把可以重新活化的工艺通过设计变成现代产品，让人们始终记得人类曾经的家园，这才是“无用”的心心念念。

在贾樟柯导演的纪录片《无用》中，马可是因为有着中国传统文化灵魂的当代人而感动世界时尚界；在台湾云门舞集创办者林怀民的眼里，马可的设计是能让人感到平和、安心的艺术，流动着的空气贯穿在舞者的皮肤与衣料之间，让人感受到久远的文明和美好。

树林间的花草香伴着鸟声虫鸣，赋予每一件衣物无限生机，宛若从土里生长出来。

安东书象与珠海之象

当代新书写运动现象／汉字／超越国家、文化和时空的『象』

2007 年 4 月，日本福冈美术馆。120 幅“安东书象”作品让日本观众屏息凝神，他们长久地审视、惊讶于这些熟悉而又陌生的汉字，思索着毛笔在宣纸上以如此方式游走的意义。

安东的书象，不仅作为一种艺术形式，更以一种哲学的思考走向了世界文化艺术的前沿。福冈美术馆在世界当代艺术领域中扮演的是风向标的角色，该馆经过长达三年的考察，才决定邀请中国艺术家安东作为中国当代“书象”艺术运动的代表来这里举办个展。他们认为，安东的作品有汉字的灵魂却又超越东方文化语境，戳中了世界当代艺术缥缈的旗帜。

1986 年，安东的 18 幅“西北”主题油画毕业创作震动了广西艺术学院。从油画系毕业后，面对偌大的中国，安东突然觉得无从选择，同校的研究生说中国南方有一个城市正在邀请人才加入，给了他一张表格。从此，一个出生于新疆西北边陲的男人便彻底安生在了这个南方的文艺之城。

安东说珠海是一个艺术创作的福地，这并不是说珠海和他的创作题材有关，而是说这个城市的开放足够让他可以与世界对话，这个城市的安静又足够让他心无旁骛，沉浸在个人的思考和艺术实验之中。刚来珠海时，安东和聚集在这里的一些艺术家们讨论诗歌、切磋艺术，组织当代艺术展。也是在珠海，安东告别了红色的西北风创作时期，踏入了“蓝色抽象”时期，也正是在这座温润的南方城市，安东找到了自己的艺术语言。

1999 年的法国之行，让安东经历了一次心灵的大台风，他突然领悟了毛笔在宣纸上行走时形而上的抽象性和当代性。从法国回到珠海后，安东峰回路转，从油画转向水墨书法，闭门15年。之后，安东开始寻找传统汉字书写之外的象，开始了自己的“书象”征程。

“书象”是近二十年来一些中国当代艺术家以汉字为介质，将构成汉字的底层核心元素作为创作源头，以重新发现汉字之美、演绎汉字文化内涵的艺术创新，被称为“当代新书写运动现象”。“书象”的出现，很快引起了世界当代艺术圈的关注，同时也意味着中国文化以现代性的姿态重登国际艺术舞台。

安东“书象”艺术的独特性在于，他从汉字出发，从汉字中抽离出线性的美丽灵魂，让线独自跳舞。但这种笔墨的独舞，在脱离了汉字意义之后并未彻底逃逸，反而重构了全新的汉字意境，汉字从纯粹的中国意义中蜕变出世界的文化语言，成为人类能够共同认识、理解的艺术语言。从作为中国人书写了几千年的文字工具，走向超越国家、文化和时空的“象”，这是安东“书象”的意义所在，也是安东这个扎根珠海的北方汉子超越自己的文化根植，在第二故乡书写自己人生之象的象征。

01-03 安东作品

书象艺术

指以汉字作介质，避开传统书法的所有表现程式而进行原创性的创作。它的诞生源自上世纪80年代的中国。艺术家试图避开传统书法表现程式，回到汉字的“源”，走向最初，找寻根本，由此思潮而引发的“当代新书写运动现象”，学者称之为广义的“书象”。“书象运动”早期以邱振中、徐冰、谷文达等为代表，中后期代表人物有魏立刚、安东。

01

02

03

流动的文化盛宴

北山村·中国文青圣地

北山村的文艺昌盛，让这个城中村成了这座城市的文艺心脏。在这个悠然的天地里，是新与旧的完美共存，城市人奢望的一切舒适，在这里都云淡风轻，顺理成章。这里没有被石化的传统和过往，只有流水般无止境的创想和生活情趣。艺术的高雅飘散在温馨的市井中，宁静或是跃动，传统或是前卫，都随你心意，任你挑选。无论走进多深的街巷，肖邦的春天奏鸣曲和爵士乐的芳香一直跟随……

清式下午

音乐唤醒村庄

北山国际爵士音乐节—北山世界音乐节—本土民俗咸水歌与西洋乐器的融合

可以说，沉寂了三百年的北山村是被爵士音乐唤醒的。

2018年的春天，北山村再次被音乐点燃。晚上10点，Saharadja的电音嗨翻了整个北山之夜，巨大的电子屏幕成了现场观众最大的表演区，抓拍摄影师把一个个最兴奋的表情、最鲜活的笑脸、最潮流的造型投射在屏幕上，露天舞台眩目的灯光变幻、摇曳，穿透城市的夜空。从傍晚到午夜，连续两天，七支来自世界各地风格不同的乐队加上一系列音乐导赏、音乐工作坊的暖场和精彩的世界美食和文化市集，构成了一个完整的音乐盛会。

每年5月的北山国际音乐节和10月的北山爵士音乐节，这座城市就会被激情和欢乐淹没。谁又能想到，起源于2010年北山村的一场音乐会如今成了如此有爆炸力的世界音乐狂欢。

有意思的是，在2018年音乐节舞台上出现了一支厄瓜多尔的Sisay土著乐队，这是一支听从原野、山川、河流呼唤的乐队，他们从父辈那里一代代传下来的乐器和音乐深深打动了中国南方这个古老的村庄。他们的音乐与他们的历史、古老文化相互穿越、交流的方式仿佛也在验证北山这个古老村庄的文化复兴。

更让文化和音乐界感到兴奋的是“驻地艺术家计划”，对本土民俗咸水歌进行创作与表演。当地的民间歌手在钢琴、贝斯等西洋乐器合作下表演的咸水歌《高堂歌》《对花》赢得满堂喝彩。主办人薛文将这一尝试戏称为“用刀叉吃干炒牛河”，然而其中的深意恐怕是超越很多人的理解力的。这样的融合，是北山作为一个音乐品牌在诞生八年后的成人礼——音乐与古村不再是生硬的叠加，现代流行音乐如同一颗种子被埋进了古村的土壤，从此彼此融合、彼此喜欢，共同生长。

近年参加北山村音乐节的部分音乐人

COMMUNE
BEISHAN WORLD MUSIC

北山国际爵士音乐节

北山世界音乐节

北山村，从修复到活化

——大隐于市的文艺乌托邦——古村落的文化复兴之路——『用艺术对抗遗忘』

艺术的兴盛需要文化的碰撞，也需要一点在社会边缘游离的自由，北山村恰好具备了这两种属性。

21 世纪的初始，北山村三百年的历史积淀与文艺潮流在城市的飞速发育中初次相遇，如同干柴烈火。这个在珠海城市地图上只是一个小点的城乡结合部，在不到十年的时间里蜕变成一个大隐于市的文艺乌托邦，一点点拉扯着城市化和“乡绅化”过程中日渐疲惫的城市心脏，让它跳出时刻处于快进状态的混凝土围城。

北山村红遍中国文化圈是因为北山音乐节，但这背后却是一个古村建筑群的修复、活化以及中国无数个古村落的文化复兴之路。北山村的样本意义，远远超过了音乐节的奇迹和辉煌。

北山艺术街区的源起和兴盛绕不开薛文和薛军。兄弟俩的父亲——军旅版画家薛翊汉钟情于北山的古建筑，在村里写生、创作，也眼睁睁看着很多百年宅院走向覆灭。艺术家的本能和文化责任让老人焦虑，他开始尝试与村里的族人们一起修复宗祠，开拓保护和复兴之路。2008 年，薛先生突发心脏病离世，临终前郑重地将北山村古建筑保护的遗愿嘱托给两个儿子。从此，两个年轻人开始深耕北山，“用艺术对抗遗忘”，用音乐激活村庄。

作为实物存在的建筑和作为精神存在的文化是历史村落和街区保护改造的两个层面。建筑的修复可以通过专业研究和施工去解决，修旧如旧，但传统的社会结构、文化内核和生活方式正在离我们远去，直到湮灭在历史尘埃里，再也无法修复。在修整后的古建筑里注入什么样的文化才能产生一个有生命力的生态链，这才是薛文、薛军面临的终极问题。

2008 年，他们租下了村里的医帝庙、章成祠堂、景辉祠堂、影剧院四组古建筑，邀请古建专家一起研究修复方案，一方面重现建筑原有的光彩，一方面又能适应新的文化产业功能。第一个活化项目是医帝庙的艺术家工作室和美术馆，这是两个相对静态的项目，而之后在影剧院基础上打造的北山戏院则是一次有境界的跳跃。文化艺术需要个性，但文化产业却需要抱团、协作，薛家兄弟的带动效应让整个北山村的文化气氛浓郁了起来。

北山村的业态一直在创新，原有的店在成熟，新的区块在培育。培训、音乐、餐饮等机构纷纷入驻，商业越来越精致，个性十足。

阅读，是城市永不熄灭的路灯。

珠海是独立书店的沃土，书店是珠海最美的人文风景。

城市不大，书店很多。阅读的快乐，在这个城市里是真切可感的日常。巴士站背后，香山公园对面的《功夫足球》取景地，商场的中央，街角和乡村……在珠海，转个身，就有一扇门触手可及，里面是一个咖啡与书香蒸腾出的宁静世界，一个游逛于书与非书之间的阅读园林。

珠海是中国人均拥有书店最多的城市。不仅仅是数量，这个活力盎然的移民城市有着中国最优秀、最多样化的书店氛围，生态之好令人惊诧。在读书这件事情上，这座海滨之城的义无反顾，足以让中国的很多城市汗颜。

二〇一七年，珠海在亚马逊中国『最爱阅读城市榜单』中位列第四。

阅潮商都店

阅潮外伶仃店

拥有一家自己的书店，大概是每一个爱书之人的梦想。

不论这世界的日新月异如何精彩，以书为友永远是无可替代的诗意。

阅潮书店的每一次招聘，都像是一场人生故事的征文比赛，每一个小小的岗位都会引来一批爱阅读、爱生活的青年们的激烈争夺。他们有的出自名校、有的从遥远的北方赶来，年轻而敏感的心渴望在书店里找寻自己，真实地触碰自己的梦。这是书店的魅力，但更多的是因为这个城市为书店的良性发展提供如此贴合的文化氛围。

《请给我一张船票吧》

Hello，阅潮！

我在好朋友的微信上，看到了你们的“海岛书店”招聘信息，那叫一个激动呐！

这简直就是为我准备的，最后一根救命稻草。

我是一只即将毕业的大四狗，而且是一只最近正在应付着考试和即将被惴惴不安淹没的落水狗。

我念了四年会计，想到做个账房先生的余生，便不寒而栗。但我却又不知道该做些什么，迷失了方向，找不到出路……

如果有无法辜负的东西，书籍必须在此列。

读一本好书，于我，像情人之间的缱绻，久久难以忘怀。梦想开一家24小时营业的书店，有很大一片阅读区，任何人都可以手捧一本心爱的读物，安静地沉浸在书的世界中。

夜晚，为那些无处落脚的旅人、失恋的男女、考试前熬夜复习的学生，点亮一盏灯。

我幻想着在海岛书店工作，有书，有海，很醉人。

我像一个溺水的旅人，而你在海的中心，我鼓足我所有的勇气，向你招手，如果你有船票，可以载我一程，带我进行一场逃亡与自我救赎吗？

我想你是有趣的，我也是认真对待的，且满心欢喜。希望我们可以喜相逢！

期待你的回信，谢谢。

盛夏的南海之滨似乎格外清凉，这清凉不仅来自道路两旁的浓荫，也来自墨香。公园门口、巴士站旁、老社区的中央、棕榈树下、文天祥的伶仃洋上……想看书的你，走到哪里都能和文艺的清流相遇。找一个角落坐下，抽一本书翻开，空气中漂浮着字符，一天的生命仿佛完整了。

在珠海，不会有都市人没时间看书的遗憾，爱书之人的交流和碰撞如同空气一样寻常。书店在市井的喧嚣中沉着、自在，赋予这座城市浓浓的书卷气，让陌生人在书中交会心灵，无声地孕育着社会生活的和谐气息。不论潮流如何变幻，这里始终有张爱玲和茨威格，有丰子恺和土家野夫。一个个清雅的空间，让每一个路过的人停下脚步；无论冬夏，这里都是脉脉春风，每一杯咖啡都是倾尽匠心之事。

1993 年，新华书店旗下的文华第一家门店在拱北开业，成为珠海人心中的一处地标。在还没有民营书店的时代，珠海的文华书店就已走向市场，在国内很多城市里拥有一席之地。

珠海是一个移民城市，移民们大都有很好的文化底子，把爱书的基因带到了第二故乡。在这里，书店经营者们似乎不曾经历在网络阅读和电子书的大潮流里难以为继的尴尬，书店与这座城市的相遇，总是一场令人惊喜的春暖花开。

书店在市井的喧嚣中沉着、自在，赋予这座城市浓浓的书卷气，让陌生人在书中交会心灵，无声地孕育着社会生活的和谐气息。

2013 年前，伴随民宿的发展，小而美的独立书店在珠海如雨后春笋，有的深藏在老房子里，有的生存在大学校园中，在自由、开放的空气中繁盛。

龙应台说，一个城市需要有一个“公共客厅”作为“容许逗留的地方”，让人们“相濡以沫”。珠海人很幸福，因为城市里有很多这样的“客厅”，让人暂时离开自媒体时代的喧嚣，与书本“相濡以沫”。

2014 年，华发集团旗下的复合型精品书店“阅潮”登场，再次为珠海的阅读文化增加了温度，成了这座“阅读之城”的全新书房和所有读书之人的文艺沙龙。阅潮不只是卖书，更是让每一个走进书店的人带着记忆和全新的心境离开，又带着期盼返回。阅潮以宏大的体量、人文气质的大师级设计、精选的书目和妙趣的文创产品、与城市文化精英的跨界合作，加上与城市生活相贴合的读者互动，很快进入中国书店业第一阵营。旗舰店之后，阅潮承担起了市政府发起的市民阅读推广计划，开出一家家社区店。买书不是重点，阅读才是目的。让阅读成为珠海人饭后散步的内容之一，也成为旅游观光的目的之一和文艺青年的打卡热点，是阅潮的经营方向。

短短五六年间，珠海出现了网上人气极佳的各类书店：停云书房、时光书店、阅潮岛上书屋、阅潮金海岸店、阅潮狮山店、阅潮会同店、文华书店、书笙馆、无界、新华书店湾仔沙 24 小时书店、书巢、博扉书房、21H 书屋、UIC 三人书房……

一个城市的书店就是这个城市的气味和性格，你爱不爱这座城市，也就在相遇的一瞬间。在这里，只要你爱阅读，总有一家书店适合你。书店是一盏盏路灯，总有一盏能送你回家。

珠海书店指南

相信阅读 01

阅潮华发商都旗舰店

珠海第一家复合型精品书店，位于珠海大道上的华发商都综合体内。商都被包裹在一个长340米的巨型天幕下，抬头就可以看到天空。随自动扶梯上三楼，书店如同港湾一般等着每一个爱书人去停泊。1798平方米的面积，在中国书店业中算是第一梯队。

书店空间布局由宽入窄、由低入高，一步步把阅读引向深入。文学类图书被圈在一个半独立的空间里，柔软的沙发和灯光间，仿佛全世界的作家们都在你身边。阅潮的文创产品来自书店的定制，大部份是设计师原创。咖啡由来自台湾的咖啡大师打理，细腻而浓烈，在咖啡爱好者心中评分极高。每周的文化活动都由书店精心策划，一人一书一城，书与城市生活在这里高度融合，书店帮助城市打开记忆、也帮助城市保留记忆。

没有态度的书店不会是好书店，阅潮的选书认真、及时，高尚但不生僻。书店已进入良性的赢得状态，书的流转率很高，每天有新书上架。阅潮的志向并不仅限于珠海，而是布局全国。

没有谁是一座孤岛

○ 阅潮外伶仃岛上书店

02

这是一家超级网红书店，据说这里的店员是一个相当热门的职位。在文天祥吟诗长叹的外伶仃岛上，潮起潮落、日出日没，伴着台风与狂浪，小小的书店点亮一片海域，也点亮文艺青年心中的火焰。文天祥的悲叹早已随风远去，四个店员轮流执守着这家面对大海的心灵港湾，认真做着岛民精神食粮的搬运工，为每一次心灵的交会而感动。书店对海岛居民开放，从此"没有谁是一座孤岛"，因为每本书都是一个世界。

书店推荐的书单里永远有加布瑞埃拉·泽文的《岛上书店》，也因为这部畅销书，这家现实版的"岛上书店"成了很多游客行程中的一站。现实和小说不同的是，伶仃洋上的书屋没有绝望和孤独，只有热咖啡和温暖心灵的一切。

与历史同呼吸 ○ 阅潮会同书店 03

2017年早春，阅潮来到凤凰山北麓，带着“南洋咖啡”走进会同村，融入珠海的“剑桥小镇”，成了古村传奇的点睛一笔，阅潮“祠堂”店也成了珠海最美乡村书店。至此，会同的传奇和浪漫与两所现代学府的文化基因合体，完成了一场圆满的缘分流转。

书店开在一间百年祠堂里。青砖、灰瓦、金檐、彩塑的空间里，历史与现代一同呼吸；每一场阅读，都是一次与历史的似曾相识。

文明风华 ○ 文华书城 04

1993年，珠海拱北口岸附近出现了一家漂亮的大型书城，吸引了中国书界的目光。书店取名“文华”，有“文明风华”之意，这是中国最早的民营书店之一。26年间，当年的民营书店多半已消失在激烈的市场竞争中，文华却根深叶茂，扎根珠海，在各个城市开枝散叶。珠海香洲区核心地带的扬名广场四楼，文华书城是一个隐于闹市的文艺堡垒。高入屋顶的书架将800平方米的空间分割得疏密有致，紧密处可以成为读书人的密室，有躲进小楼成一体的温暖与安全；疏朗处可以让读者围坐一起，畅开心流。走过圆形的中庭，进入咖啡阅读区，迈上台阶进入二层的大书架，这个过程可以是一分钟，可以是一天，也可以是一生。不管时间如何流逝，在文华的空间里，都会是一次美好的旅行。

在中国的书店生态中，文华是将讲座、咖啡、文创等引入经营思路的先行者之一。26年来，五万多场跨界讲座，一百多万会员，为这座年轻的城市培育了坚实的读书风尚。开书店是条寂寞的理想之路，但正是这些耐得住寂寞的书店赋予了这座城市丰富、多元的文化营养。

知识的阶梯

○ 无界书店 05

这里只有两种颜色，单纯的原木色与窗外无边无际的蓝。

书店在唐家湾半岛情侣路北段的格力海岸内，与其说是一家书店，不如说是设计师制造的梦境。2560 平方米的空间，十万余册图书，270 度全海景阅读阶梯，全部用原木制作的书架、阅读台阶和桌椅安静地面朝大海。

有书、有海景、有咖啡，有鼓着海风的露台，有文艺沙龙，这对所有爱阅读、爱生活的人来说大约是一种圆满了。有人说，无界是珠海城市中的童话，一个让人恍惚、走神的地方。晴朗的日子，坐在这里就如同坐上了一辆开往天堂的火车；风雨的日子，身在其中又如同一场星际旅行，拍打玻璃的是银河中的星星。

06 时光书屋

时光书屋，藏在这座城市不计其数的公园里。一间小小的木屋子里放着不多的书，可以买也可以看。红色邮筒时时提醒时光的流逝，或者，给自己的明天写一封信。店内少不了咖啡、饮品，在晴朗的户外看完一章，太阳就已移到了桌子的另一边。

07 献给所有不想回家的人

○新华书店湾仔沙二十四小时书店

深夜的凤凰南路，只有红绿灯在闪烁，海边的夜静悄悄。抬头之间，24 小时书店的 LOGO 是时钟的盘面，书页指向凌晨，透过二楼一排明亮的窗户是埋头看书的人和身后长长的书架。

晚上9点，书店满座，一直到凌晨，总有不想回家的人推开这扇门。楼梯入口处帖着《深夜食堂》云吞广告，撩起都市夜归人读书到天明的欲望。

08 『乐』读 ○ 书笙馆

野狸岛上，珠海大剧院与海韵城构成的珠海最具文化特质的新地标，散发着迷人的书香。

书韵如笙。海韵城中的书笙馆里，音乐是主旋律。在书店的音乐唱片阁中一定有你寻觅已久的唱片，古典或流行任你选。书店设计将户外的回廊、亭阁、庭院、屋檐引入室内，制造了一个户外阅读的舒爽气氛。一千平方米的空间里，除了书、唱片和文创产品外，为适应地标建筑旅游、观光功能而特别设置的亲子区是这里的一大亮点。周末和假日里，书店成了全家人共享阅读之趣的完美天地。

大学让城市有了自由、青春和不羁的元素，正是有了这些年轻的血液，城市才有了无边无际的创意、个性奇特的书店、芬芳浓郁的咖啡、随处可闻的歌声、青春的笑容、无所不包的美食、千姿百态的小店。也正是大学，让城市的产学研碰撞出火花，让珠海的未来充满无限可能。

青春与智慧的相遇

大学给珠海注入了青春的活力，青春的笑脸是城市最美的表情。

栖息青春之鸟的凤凰树○

珠海是一座大学生数量占城市人口比例极高的城市。近十五年来，近十所国际国内一流大学入驻这座海滨之城。珠海的年轻，不仅是年龄上的，更是智力和素质上的。高等教育的繁盛，为这座年轻的移民之城注入源源不断的新鲜血液，所引发的城市人口学层面上的深层次变化，将远远超越教育生态体系本身。在这座处处演绎青春芳华的城市里，无山不成校，无水不成楼。每一所高等学府都是建筑与山水的纠缠与舞蹈，或面海而起、或依山而立，或临湖照影、或树荫如海。板樟山、凤凰山、观音山、赤花山……走进每一所学校都是一次在山与海之间的美学穿越。

毕业季和入学季是珠海这座年轻的城市的第五个季节，也是珠海的专属节日。

每年的这个特殊季节，这个大学生占了近百分之十人口的城市绚烂如夏花，因为13万莘莘学子的到来而兴奋，也因为离别而忧伤。每年的返校季和假日季，机场、车站匆匆的人群里闪烁着青春的气息和向日葵般的面孔。

曾经，大学对珠海是一个遥不可及的梦。特区创立开始，珠海人明白“没有大学的城市没有未来”的道理，倾全力打造自己的大学。但是建立一所全新的大学远远不是钱能够解决的，教育品牌、教育人才、学术积累是无法速成的。于是，珠海用引进国际国内名校开办珠海校区的方式，让城市进入高等学校的快速发展期。城市把最好的山水给了大学，让最好的大学把教育资源输入珠海。

1998 年，暨南大学率先进入，珠海有了第一所全日制高校。1999 年后，中山大学、北京师范大学、北京理工大学、吉林大学、香港浸会大学紧跟而来。十所国际国内一流高校的 13 万大学生让珠海成为一个年轻、智慧的城市。

大学让城市有了自由、青春和不羁的元素，正是有了这些年轻的血液，城市才有了无边无际的创意、个性奇特的书店、芬芳浓郁的咖啡、随处可闻的歌声、青春的笑容、无所不包的美食、千姿百态的小店。也正是大学，让城市的产学研碰撞出火花，让珠海的未来充满无限可能。

从高等教育资源的分配和专业布局角度看，入驻的各个大学校区并非简单地从原有的蛋糕中切一小片出来分享给珠海，而是将一些有成长性的特色学科落户珠海，与城市一起成长。北理工的信息产业和艺术设计；暨大的翻译学院以及面向港澳台海外华侨华人学生的四海学院；中大与珠海的战略合作项目中包括了空间引力波探测地面模拟装置的“天琴计划”、深海深空深地及和核科学项目；北师大的中德合作项目；吉大的无机化学与制备化学国家重点实验室以及地球物理、海洋油气等研究中心。

珠海的职业技术学校也不可小视：广东科学技术职业学院是国家示范性骨干高职院校，珠海城市职业技术学校、珠海艺术职业技术学院也都各有所长，成为企业人才库。

2017 年的统计数字显示，珠海 176.53 万人中有 13.68 万大学生，近 10% 的大学生人口比例和 13 万这个绝对数字，是很多普通二线城市难以企及的。如果加上职业技术学校和中小学，珠海的学生人数占了城市人口的四分之一。

二十年来，已经有数十万各个学科的本科、硕士、博士生从珠海走向世界；近五年，每年三万多的大学毕业生中有三分之一留在了珠海，成为城市最鲜活的细胞，推动着城市的成长。

北京理工大学珠海校区

北师珠

北京师范大学与香港浸会大学合办的联合国际学院

可以追风逐日的天台
○中山大学珠海校区

唐家湾的风吹拂着她／
凤凰山的夕阳映照着她／
天琴计划将在这片海岸降落

师生们喜欢把中山大学珠海校区简称为中珠，简单亲切。中珠的图书馆是张开的两翼，两翼之间是263个台阶，仿佛可以直通太空。走完这条长长的台阶，中珠才刚刚露出她的峥嵘。眼前是亚洲最长教学实验大楼的屋顶平台，在这个571.2米长、37.2米宽的露台上约会，如何才能准确找到彼此的身影？不过，中珠的学生一定有自己的定位方式。

极富现代感的教学楼前却是一组红墙绿瓦的平房，颇有可以听雨听风的西南联大风格。有人说，中珠的校园就是个异度空间。

天台凭海临风，东看海上日出、西望山间夕阳。四年的中珠生活，欢喜与忧愁都可以在这个两万平方米的露台上与漫天繁星和浮云分享。

中珠的教学实验楼有179间大小课室，卧龙式的结构、挑空的走廊和大厅是为了适应漫长而炎热的岭南夏季。户外阳光炙热，但学生们依然可以享受户外的阅读时光和日光下的脑力激荡。

01/03　中珠校区亚洲最长教学实验大楼

02　红墙绿瓦的平房，颇有可以听雨听风的西南联大风格。

逸仙大道上，孙逸仙博士的铜像傲立在花岗岩基座上，铜像按照日本友人梅屋庄吉赠送给中山大学的孙先生铜像复制。铜像的姿态似乎是让大家保持安静，也似乎在提醒学生们脚踏实地、宁静致远。

珠海校区作为中山大学的一个重要部分，突出了旅游、国际金融、国际翻译、海洋科学等专业。隔着港湾大道，紧靠海岸线的另一片校区正在火热建设中，这里将成为大气科学、海洋科学、多学科交叉的科学基地，也是神秘的空间引力波研究项目“天琴计划”的落脚地。

校内的交通工具是白色的敞蓬电动汽车，被学生们昵称为“小白”。华南的夏日炙热如火，坐小白车穿行在巨大的榕树荫下，耳边是南国热烈的蝉鸣。冬日里，坐小白车从宿舍赶往教室，绕过岁月湖、隐湖、若海、沕水湖，又仿佛是一场湖光山色之间的游园。夜晚的中珠校园里，标志性的声音是蛙鸣，这种学名花狭口蛙的鸣叫声时而高亢时而悠远，陪伴着校园的青葱岁月。

中珠校园小景

城中心的大书案

○暨南大学珠海校区

板樟山／
日月湖／
圆明新园就是后花园／
两条大街外就是拱北口岸

前山路上的欧式白色拱门简洁、洋气。

相信风水的老珠海人说，板樟山是珠海的书案，暨南大学珠海校区就是这张大书案的西北角。

暨大是最早进入珠海的全日制大学，2000年从唐家迁到珠海最繁华的拱北口岸附近。前山路上的欧式白色拱门简洁、洋气，透过拱门，你的视线不由自主地被长长的绿荫大道牵引进校园深处。道路的尽头是日月湖，据说暨大本校有一个明湖，日月而明，其中的渊源不言自明。

由国务院侨务办公室主管的性质，赋予暨大与其它高校不一样的血统。暨大的前身是成立于南京的暨南学堂，这是一所专门为归国华侨建立的学校，1958年在广州重建，主要招生对象依然是海外华人子弟和港澳台学生。暨大的校园规划一直承续着自诞生之日起的西式审美情调，珠海校区的拱门和广州本校的大门式样完全一致，也分明表达出了这样的美学传承。

珠海校区虽处于城市的心脏，但校园里却收藏着一个微缩版的江南园林。板樟山脚下，日月湖上，婉约的拱形石桥、六角石亭相对而立，坐卧在群山绿野间，是校园小情侣们互诉衷情的浪漫小筑。似乎是为了彰显西方情趣，湖畔小筑边上是若绅士圆顶礼帽一般优雅的巴洛克式图书馆和娇小可人的罗马广场。图书馆与广州本馆及其他校区的分馆统筹规划，各有侧重，形成一个真正共建、共知、共享的资源体系，实现了数字资源全共享和印刷型资源通借通还。图书馆系统还可供校外用户自行登陆、借阅电子书刊，享受和学子们同样便利的校园网资源。

暨大珠海校区的学科设置对比鲜明：一边是理工味十足的电气信息学院，一边是人文气息浓郁的人文、翻译学院；一边的男生占绝对多数，一边是女生占大半江山，阴阳调和得平衡自然。

暨大的学生有很多值得炫耀的事，因为有较高比例的华人华侨和港澳台学生。校园文化也颇为西化：充满“复仇”调性的泼水节；满溢异域风情的土风舞；有着宽广视野的国际交流活动等等。大学都有社团，但暨大的社团里就会有“爱琴海口琴社”这类颇有南洋风情的名字。

01–03　板樟山脚下，日月湖上，婉约的拱形石桥、六角石亭相对而立，坐卧在群山绿野间，是校园小情侣们互诉衷情的浪漫小筑。

01

02

03

暨大网红：苏格拉底咖啡馆

傍着日月湖的苏格拉底咖啡馆就像是依偎在母亲怀里的掌上明珠。咖啡馆是珠海校区第一个由学生自主经营的创业实践项目，不仅是学生们交流思想的天地，更是梦想的摇篮。咖啡馆的日常盈利会注入到学校专项人才培养基金，源源不断地为学校创业创新项目注入活力和新血液，同时也用于扶助贫困学生和奖励优秀学生。

凤凰山下凤凰路，凤凰路旁凤凰树 ○ 北师珠

有一个地方，叫亚洲最美山谷\
有一种美丽，叫北师珠的蓝天白云\
有一种幸福，叫我在北师珠的日子

走金凤路，过普陀寺，穿凤凰山隧道，左边的山麓之间就是北师珠。

北师珠人很骄傲，因为北师珠没有门；北师珠人很谦虚，也因为北师珠没有门。校园入口只是六块巨石，上刻龙飞凤舞的毛体草书“北京师范大学”。

山谷怀抱之间，“亚洲最美山谷大学”的美名绝非浪得。冬天有缥缈的山岚：从宿舍到教室，坡上坡下如穿行云间；夏季有热烈的火烧云：走过丽泽湖、躺在草坪上，看天空在蓝色、红色和金色之间变幻。“布达拉宫”是欣赏晚霞和夜空的最佳地点。新生入校的第一须知是校名石，第二须知便是“布达拉宫”。这座藏在校园深处的宿舍楼，通体的白色从低向高逐步递升，它的本名叫京华苑。

北师珠有一个天然奇景。每天早晨九十点间，太阳透过图书馆楼顶的玻璃照射在红砖墙上，幻化出一张张笑脸。北师珠就是用如此感性的方式激励学生们勤奋、早起。

北师珠文艺得连井盖都不放过，校园内的所有井盖都被美术社的同学彩绘成了小猪佩奇、黑白奶牛。然而，这个文艺院校里的理工科并非弱项，北师珠的创行团队赢得过“2018 创行中国华南赛”一等奖和科创冠军华南赛金奖。

六月晴天，山上的阴影衬托出凤凰木的轮廓，山谷里湛蓝的天空和洁白的云朵演绎着无法比拟的“北师蓝”，这也是教室座椅的颜色。校园的一切，都在北师蓝的映照之下自成一景 —— 丽泽湖的蓝、荷香湖的蓝、蜻蜓湾的蓝、人造沙滩泳池如同一块蓝水晶。

大概只有身在北师珠的女生，才会明白有一个会拍照的男朋友是多么重要。

不知道是哪一届师哥师姐的脑洞，校园内连接海华区和粤华区的道路被称为“粤海高速”。当“高速”路边的凤凰花开之时，毕业季也到来了。每一张被南国的阳光晒得黝黑的脸上都是不舍，舍不得荔枝岛上的香甜，舍不得如此美丽的山谷。

2019 年 4 月教育部正式发布关于同意北京师范大学珠海校区建设的批复。北师大珠海“分校”将变身为“校区”，这一字之差意味着今后珠海校区将与北师大本部同水准、同标准办学定位。学校发展将步入新的快车道。

01　山上的阴影衬托出凤凰木的轮廓，校园的一切，都在北师蓝的映照之下自成一景 —— 丽泽湖的蓝、荷香湖的蓝、蜻蜓湾的蓝。

02　北师珠的校园里藏着一座莫奈花园。

01

02

哈里波特式的高桌晚宴

◎北京师范大学与香港浸会大学联合国际学院

1：7 的师生比\
北师和浸会高贵血统的支撑\
哈里波特式的高桌晚宴

从 2005 年的金凤路 28 号到 2017 年的金同路 2000 号，这不是一次简单的扩大和搬迁，而是一所大学与一个岭南古老村落的相遇和相融，也是传统文化和精英文化的一次相互浸润。

因为 UIC，清代碉楼、祠堂和民居不再幽暗破败；因为厚重的历史沉积，UIC 有了灵魂和质感。不同国籍的老师们在书店、咖啡店里看书、聊天；艺术家们修缮老房子，把画室搬进村；学生们把村里的一景一物变成电影外景地。大师级的教授来了就不想轻易离去。大学和古村的边界变得模糊，UIC 校长的“大学小镇”计划在不知不觉中成就了古村，也成就了大学。

UIC 的图书馆被称为“学习资源中心”（LRC），这并不是简单的文字游戏。1800 个自习位置、200 个电脑位置、31 万册的馆藏中一半是英文图书，这对于这个只有 300 亩地 6000 名学生的大学来说如同在大海里畅游。UIC 的专业设置毫不炫技：工商管理学部、人文与社会学学部、理工科技学部、文化与创意学部统领二十多个专业。在承袭香港浸会大学“博雅教育”的理念上，UIC 注重心智的开启、广博与洞明、人格的健全，在学业上表现为通识与专业的融会，技术与应用的融合。在计算机科学与技术专业（CST）不仅仅是代码问题，而是如何让无人驾驶的电瓶车行驶在校园中。UIC 的数据科学与大数据技术专业引领中国数据的开发应用，文化创意与管理专业（CCM）用商业的思维将文化变成流行。

要跨进 UIC 的大门，仅凭考分远远不够，四成的权重来自面试和高中成绩。一个老师面对七个学生，这样的师生比在其它大学是不可能的。餐厅、游泳馆、咖啡厅都是师生交流的平台。在宿舍备考复习时，敲门进来的没准儿就是校长先生，他会送你一只新鲜的橙子。UIC 的七百多名老师中，37.5% 来自国外，40% 来自港澳台，还有 22% 的国内教师有海外留学背景，毕业生当中的六成进入全球排名前 100 的高校继续深造。

每当有重大事件或者重要来宾，学生们就开始期待一场哈里波特式的高桌晚宴。校长、来宾、老师、学生们在摆放着香槟和蜡烛的长桌两边就坐，白色的桌布、灰绿的餐垫，精致的食物、温暖的灯光、柔和的音乐，男生西装领结、女生裙装礼服。这项源自英格兰的大学传统也是牛津、剑桥的保留节目，在珠海的“大学小镇”里无比得体自然。

在很多 UIC 毕业生心中，一次高桌晚宴是一生中最美好的记忆。

01

02

03

04

01/02/05 UIC 校园建筑

03 UIC 校园毕业季活动

04 UIC 的图书馆被称为“学习资源中心”（LRC），1800 个自习位置、200 个电脑位置、31 万册的馆藏中一半是英文图书。

05

想要一本飞行执照吗？

北京理工大学珠海校区

用轮滑从宿舍飞往教室／可以实现飞行梦想的大学／有一首歌叫北理珠版《成都》

01 北理珠的月牙湖
02 北理珠的弘毅楼

01

北理珠的天佑楼前停着一架小飞机，学校的航空专长一览无余。北理珠拥有全国不多的航空学院，每年订单式招收五十名左右民航飞行学员，能够完成学业的学生可以直接进入各大航空公司。招飞的要求极其严格，四年的学业也很苛刻，淘汰概率不低。这一切，都成为了北理珠学生们的骄傲和小小的嫉妒，毕竟，有多少人能有幸看见自己的飞行员之梦成真?

在这里，理工味的强度达到十二分，北理珠因而也堪称珠海大学中的硬汉。信息科学技术、计算机、机械与车辆、化工、航空是学校的核心专业，每一科都是硬功夫。校园内除了常规的体育场馆外，最显眼的是一大片户外拓展场，有令人怯怯的军训魔鬼训练“夺命坡”，攀岩课程连女生都不能逃避。在各类机器人比赛的获奖名单中，总有北理工的名字。

02

山坡上的明德楼面对明德湖，楼前线条硬朗的混凝土装饰结构彰显理工大学的硬度和质感，立方体框架把南国的阳光切割成利落的几何形状，连投影都是满满的结构之美。

当然，北理珠也有自己的柔情万种——令人嫉妒的泳池，蓝白色的电瓶车，宿舍区里繁华的星梦街，月牙湖中的一片小树木是去千遍也不厌倦的“读书岛”，“北理珠表白墙”上有理工男女之间最直接的表白。

校园里流行着一首北理工版的《成都》：

让我流下汗水的\不止羽兵球馆\让我心生欢喜的\是那后山的景。

学路还要走多久\轻轨站挥挥手\让我依依不舍的\不止满意糖水。

相遇总是在九月\回忆是明德弘毅\深秋嫩绿的垂柳\亲吻谁的额头。

在北理\图书馆的门口\我从未忘记你\北理\带不走的\只有你。

分别总是在六月\回忆是思念的愁\初夏凋零的落花\略过的是我的指尖。

在那拥挤的电瓶车里\我从未忘记你。

你会挽着我的衣袖\我会把手揣进裤兜\走到夺命坡的尽头\坐在明德楼的窗口。

和我去北理的泳池游一游\喔哦\直到所有的星都升起了也不停留。

我讲述我心中所有\让自己变的更优秀\走到星梦街的尽头\走到读书岛的岛口。

歌词唯一漏下的是校园里的荔枝树。夏季将临时，湖边的树上总是挂满酸酸甜甜的果子，正应了毕业离别的滋味。北理珠的门口就是广珠城轨唐家湾站，一个小时就可以到广州。在车站分手或者告别，似乎因为这便利而缺少了相送的缠绵，却也算是北理珠独有的硬派作风了。挥一挥手，相见不如怀念。

观音山下看海市蜃楼
◯吉林大学珠海校区

吉珠的雨，下得就跟慕容云海和楚雨荨分手时一样大—冬雾里的海市蜃楼

海风裹挟着炫目的阳光，洒进校园，穿透疏朗的椰树荫，让人无处可藏。

珠海的大学都拥有自己的一片海，唯有吉珠的海是在学校的东南。冬天，海上的暖湿气流与大陆的冷气在这里胶着，被校园背后的观音山一挡，凝结成细密的水珠，把整个吉珠笼罩在漫天的水气和云雾之中，雾失楼台，也迷失校门和道路。夏季，从东南来的海风裹挟着炫目的阳光洒进校园，穿透疏朗的椰树荫，让人无处可藏，所以吉珠人的肤色总会比其它学校的学子们深一个梯度。

学长们喜欢把“金木水火土”写进新生导游词。书中自有黄金屋，“金”是亚洲单体面积最大的图书馆。进入校门便可一览观音山，平缓起伏的山林占尽天地草木之气。校园之大，大到校内的天鹅湖映不出建筑的倒映，只可见如水的蓝天云彩。

当然，开门见海的吉珠与水的交情远不只是湖。校园坐拥5公里海沿线，校门正对的机场大道俗称小情侣路。走椰风路，出校门，眼前就是一览无余的海景。南门是最大的商业集散地，入夜的南门总是灯火通明，商店、餐馆、娱乐场里人流火爆，

这一个“火”字也算是贴切。“土”是校园里大大小小的球场，体育是吉珠的一大强项，高尔夫成了这里日常的户外运动。

其实，“五行”远远不能够穷尽吉珠。毕业季看银河是吉珠人最浪漫的情怀。午夜，校园灯火稀疏，此时，纵横天空的银河变得明亮，即将分别的人一起仰望星空，等待天明，各自飞翔。

很多人抱怨吉珠离市区太远，交通不便；也有人觉得吉珠离机场好近，近得可以在校门口直接搭机场巴士回家。重要的是，吉珠的“偏远”恰好能让学生心平气静、心无旁骛，这也和学校偏重理工专业的状态十分匹配。工商管理、车辆工程、物流工程、旅游管理等都是吉珠的品牌专业。

校门正对的机场大道俗称小情侣路，走椰风路，出校门，眼前就是一览无余的海景。

若是以为珠海只有海鲜值得兴奋的话，那就是辜负了这一趟美食之旅。在这座年轻、时尚、包容的移民之都，饮食文化南北兼容。在珠海的美食图谱上，主流的港式海鲜粤菜、粤味早茶、澳门葡国菜洋溢着浓郁的港澳风情；取自本地风物、体现地方烹饪特色的『浪漫蚝情』让外地食客见识珠海的质朴原味；潮州、湖南、上海、四川、东北、西北的各地风味不打折扣。

知味珠海

百岛之市，海味自然无敌。粤菜的底子，总揽广府、潮汕、客家精华。移民的色彩又将东西南北各式风味调和出珠海百味。

百島之市，百样海味。

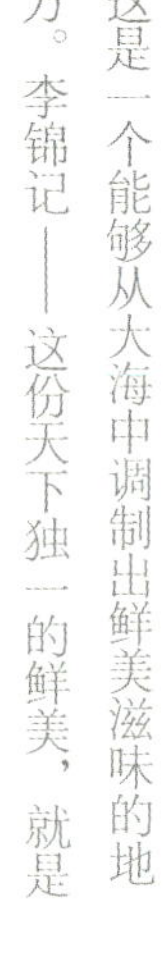

这是一个能够从大海中调制出鲜美滋味的地方。李锦记——这份天下独一的鲜美，就是在珠海调制而成。

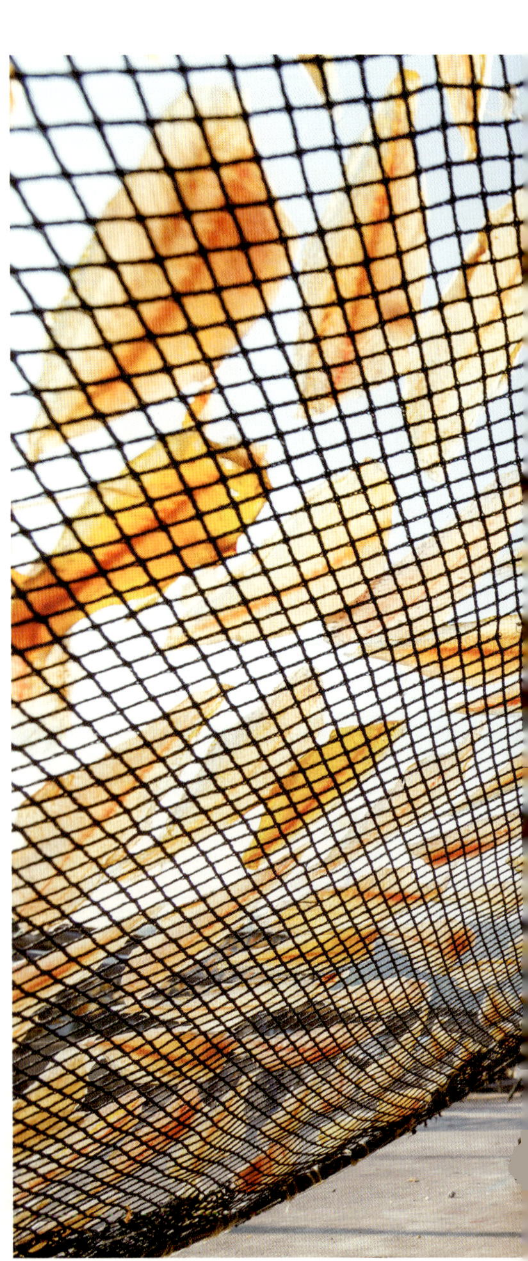

南海休渔期结束，海鲜盛宴拉开帷幕。

世代相传的鱼谣里，藏着勤奋的海岛人独特的生活智慧和时令与海洋美食的秘密。“家门口的海景，暖暖的冬天和肥肥的海鲜”是现代珠海人的生活写照。

天然的海洋之味，在近海的情侣路上渐浓，对食客来说，这样的气息已是醉人。在这个包揽了珠江八个出海口中六个的城市，亚热带与热带过渡型海洋性气候带来全年的充足日照和 22 摄氏度的年平均气温。得天独厚的地理环境和优越的气候条件滋养出肥美、细腻的海珍。陆地在这里延伸出肥沃的土壤，养育时鲜蔬果；四时海产轮番登场，应有尽有。海胆、生蚝来自零污染的深海，肉质无敌的石斑、龙虾和五花八门的螺类会让最资深的食客眼界大开。

每年 5 月 1 日 12 时之后的三个半月是南海休养生息的季节，渔船全部入港。八月十五之后，渔船纷纷奔赴海洋，生鲜海获重新上市。入了秋冬，六百多公里海岸线上的海鲜日益肥美，鱼、蟹、虾、贝次第登场，一场海鲜盛宴拉开帷幕。

生猛的鱼获总是最先在海鲜市场上市，各种时令海鲜也是夜排档上的主角。

01 02 03 04 05

06

夏日的度假热潮散去，渔民们忙碌并快乐着，早起下网，午时便有丰收。傍晚的滩涂上，渔民们带着一网网活蹦乱跳的生猛海鲜归来，黝黑的皮肤上刻着海风与阳光的痕迹。再过几个小时，这些大海的馈赠就会出现在城中大大小小的海鲜摊档和酒楼食肆的餐桌上。

用新鲜的海虾熬一碗鲜甜的粥，姜葱爆炒一碟肉厚膏肥的螃蟹，花螺白灼沾上芥末酱油，清蒸海鲈浇上一勺滚烫的热油……然而，最动人的不只是美味，更是一种依海而生的骄傲与眷恋。

可若是以为珠海只有海鲜值得兴奋的话，那就是辜负了这一趟美食之旅。在这座年轻、时尚、包容的移民之都，饮食文化精彩得如同一场极尽奢华且流水般源源不绝的瑞典式自助餐。在珠海的美食图谱上，主流的港式海鲜粤菜、粤味早茶、澳门葡国菜洋溢着浓郁的港澳风情；取自本地风物、体现地方烹饪特色的“浪漫蚝情”让外地食客见识珠海的质朴原味；潮州、湖南、上海、四川、东北、西北的各地风味不打折扣，哪怕是你突然想来一顿正宗的北京烤鸭，或者是新疆烤馕和羊肉串的夜宵狂欢。

珠海的夜晚香气萦绕，夜宵摊上，各地的风味小吃和岭南特色的夜茶在霓虹闪烁中粉墨登场。湾仔的海鲜盛宴、华海东路的烧排骨、夏湾的香辣小龙虾、前山巷子里的粥铺……街头巷尾的灯火里，都是珠海人“习习凉风里吃夜宵”的惬意写照。一日的疲劳，在一息果腹的满足和一抹温热的触感中消失殆尽。

这个热情开放的国际化城市从不缺少最时尚的酒吧文化。水湾路酒吧一条街以其纯正浓郁的欧式情调和正宗的葡萄牙红酒和德国啤酒名声在外，吸引无数酒客慕名而来。

01—05　在这座年轻、时尚、包容的移民之都，粤菜的底色上，世界各地美食争奇斗艳，无所不包。

06　湾仔的海鲜盛宴、华海东路的烧排骨、夏湾的香辣小龙虾、前山巷子里的粥铺……街头巷尾的灯火里，都是珠海人“习习凉风里吃夜宵”的惬意写照。

珠海第一鲜美之物

○横琴蚝

在资深美食家眼中，大闸蟹和蚝是最鲜美的水产。最好的大闸蟹出自江南的阳澄湖，而最鲜美的蚝就在珠海南部的横琴，冬春季节在这里收获的蚝，堪比法国极品吉拉多。因富含营养而被誉为“海底牛奶”的蚝也是珠海最早获得地理标识的海产。

咸淡水交界处，水温和水流恰如其分，水质无暇、微生物丰富，因而成了蚝的理想生长地。地方志记载，宋代，珠海一带就有一群人从渔民中抽离，成为珠海最早的职业养蚝人。他们把原本生长在礁石上的蚝种放在石头、瓦片上，放入水中，插上竹竿作为标志。

专业养殖场采用吊养法，将蚝种串成一串放入珠海口，一只合格美味的蚝需要两年的养殖时间才可以上市。今天的横琴已经成为国际性的商业繁华之地，横琴蚝的养殖基地也转向了周边水文特征相似的村镇，名声在，品质也依然在。

当年，年轻气盛的李锦裳带着全家来到南水村谋生，帮人养蚝、打鱼、煮蚝。据说是因为蚝煮过了头，发现熬干的锅底有一层浓稠的褐色汁液，鲜美无比，一种有魔力的调料从此诞生，成为风行广东的鲜物，无论吃饭、喝粥、蒸鱼、炒菜，加几滴便万物成鲜。一场“鲜美的事业”从南水镇起家，走向全世界。今天，凡有华人的地方就有“李锦记”。

民间流传“冬至到清明，蚝肉肥晶晶”的俗谚。横琴蚝以“大、肥、白、嫩、脆”闻名，“脆”是生食蚝的关键。横琴蚝肉质洁白透亮、极富弹性，搭配生抽、芥末，入口鲜甜、层次极丰，因而也是京沪和港珠澳一带高端餐厅的宠儿。

珠海人吃蚝的方式五花八门：刺生、白灼、涮、烤、炒、蒸、炖。广东人喜欢打边炉，用老鸡作锅底，也可以只用清汤，加几颗胡椒，汤滚入蚝，涮几十秒捞起，点点酱油，入嘴即化，清甜鲜嫩、原汁原味。

烤和焗也是广东人的常用烹制法。剖开去了半边壳的蚝，撒上蒜泥、盐等，在炭火或烤箱中烤制。芝士焗蚝极具法餐情趣，将蚝清理干净，用开水灼熟，撒上马苏里拉芝士、干白、盐、黄油入炉焗，奶香浓烈，口感酥香无比。

干煎生蚝有点类似香煎鹅肝的做法。将蚝肉取出、洗净，用生抽、米酒等经典酱料腌制一小会儿，放入锅中煎制，油带出蚝的浓郁香味，外脆里嫩、色泽金黄，嫩滑肥美，滋味满口。

白灼最能带出蚝的精彩。讲究的做法是将蚝白灼，然后冰镇让肉收紧，以芥末、香油、酱油、生菜拌匀即食。也有人将蚝和鱼做成汤，以蚝肉炒藕和蒜苗也是令人叫绝的美味。

斗门海鲈鱼和『无情藕』

珠海的花园、菜园和果园／
国家地理标志保护产品／
非物质文化遗产

斗门是珠海的花园、菜园和果园。初夏有荔枝，秋天有蟹、鲈鱼、粉藕，冬日有嫩鸡肥鸭，是珠海人呼朋唤友追时令鲜物的第一目的地，也是珠海人回忆传统滋味的百宝箱。

大规模填海之前，斗门一带是个海湾，西江水在此纵横交错，夹带着肥沃泥土，滋养出一片河道纵横的平原。海河不分，咸淡交错，风平浪静，阳光充沛，成就了斗门丰富的食材和鲜美、多样的特产。

斗门海鲈鱼是珠海又一个国家地理标志保护产品。一条美味的海鲈鱼必须是背青腹白、通色闪亮，背厚、肚肥、口大、吻尖、肉厚。无论用什么方式烹制都能达到肉质鲜嫩透明、清甜无腥。

西江馈赠给斗门丰富的淤泥，肥沃的泥质孕育出的白藤粉藕又称“无情藕”。通常的莲藕是“藕断丝连”，而白藤粉藕的藕丝少而脆，因而是“藕断丝不连”。白藤粉藕以秋季最佳，生食如马蹄，爽甜可口，煮熟的“无情藕”入口即化，松软无渣如慕斯。无论是单独做菜，或与荤食搭配，还是制成软糯甜食，都充满着浓浓的斗门风情。

百年前的斗门两岸商贸发达，有一间烧腊店在制作腊鸭和烧鸭之前会将鸭脚、鸭下铲、鸭翼和内脏取出丢弃，店铺伙计将这些鸭部件和肥猪肉等腌制晒干，捆扎在一起，隔水蒸熟后分给工友下饭，众人吃过之后赞不绝口。无心得来的这一款美味传承百年，成为斗门最具特色的小吃之一，2010 年成为非物质文化遗产。“鸭扎包”这个颇为拗口的名字其实是个统称，包括鸭脚包、鸭下巴包和鸭翼包。

唐家湾的“洋气”食情

离不开海鲜＼
“真命好，嫁唐家，鲜鱼白饭送娘虾”＼
创新“唐家肴”

顺着港湾大道向北，过了银坑就是唐家湾，海边的岩石上总有钓鱼人。这个深深的海湾也是唐家湾的出处，所以唐家湾的食材总离不开海鲜。唐家湾自古富裕，“真命好，嫁唐家，鲜鱼白饭送娘虾”的民谣流传至今。

唐家湾人得西方风气之先，加上今天山房路的文艺情调和附近大学学子无所不包的青春口味，这里的种种吃食多少沾点洋气。慢火炖汤、急火爆炒、隔水快蒸兑入西餐的烤焗，伴着咖啡与甜品，热烈而开放。

唐家湾餐馆林立，家家都有创新的欲念，常举办“唐家肴”美食评选。除了传统的萝蔸粽、萝卜糕、五指揸、“一夜情”之外，鲍鱼焖走地鸡、椰浆上树鸡、蛇平手撕鸡、香草三文鱼卷、陈皮排骨，蟹王鸡、葱焖虾、咖喱蟹，甚至由英国大厨监制的花间披萨，都成为了今天唐家的招牌美食。

01　唐心牛杂汇
02　蟹王鸡

03　葱焖虾
04　鲍鱼焖走地鸡

老饕最爱的精典美食

珠海四绝

广东人对美食的挑剔与讲究早已闻名世界，广东菜谱系林立，分支众多，风格各异，花样百出。珠海的传统饮食文化虽然有着鲜明的广东血统，但是因为得天独厚的食材优势，自有一些难以超越和模仿的独家珍味。

秘制重壳蟹

从市区坐一个半小时的车去斗门吃重壳蟹是珠海老饕们的常态。秘制重壳蟹，用米其林的话来说是“值得绕远路去造访，为一家餐厅专门安排一趟旅行”。仅从食材上考量，斗门重壳蟹已经是个稀罕物了。所谓重壳蟹，并不是蟹的品种，而是青蟹生长过程中的一个短暂阶段。每当中秋前后，青蟹快速成长，旧壳已经难以包裹日渐壮大的身体，它必须慢慢脱掉硬壳“铁甲”，先是在硬壳内长出一层新的软壳，此时恰好被渔民捕捞上岸，便成了一道珍奇美食。通常一千斤青蟹中只有大约十斤恰好处于壮年、重壳的状态。重壳蟹外壳硬内壳软，正值壮年的蟹，结实丰满，肉厚膏黄。

最讲究的还是新鲜地道的食材，保持蟹的色、香、味、形。秘制重壳蟹有两种做法，一是将重壳蟹用大火蒸六七分钟后，淋上秘制的酱料后食用；二是将蟹用特别的烹调方法蒸制，对切后上桌。一份地道的秘制重壳蟹壳糯、肉鲜、黄香，入口富有弹性、清爽。

横山鸭扎包

如果没有品尝过刚刚蒸熟出锅的鸭扎包，是很难认识到鸭扎包的绝色之处的，太多包装食品让人们一再误读这道美味。

猪肉的香、鸭爪的筋斗、鸭下巴的韧、鸭翼的细腻、鸭肝的肥糯、鸭肠的清脆，这些鸭杂件的自由组合、搭配碰撞出口感多样、相互协调的美味和声，此起彼伏，冲击味蕾。

横山鸭扎包的制作是一种即兴创作。首先是将各种鸭时件用多种香料、酱料腌制，腌制的时间与分寸各家不同，全凭经验。然后将腌制过的时件分成各种组合用鸭肠捆扎、晾晒，让阳光、风去酿造它们。成熟后的鸭扎包外观呈琥珀色，晶莹剔透，光泽鲜亮，蒸熟后香气四溢，肉美而鲜，骨酥而脆，咬起来筋斗而生津。

秋风起，腊味香。秋冬是吃鸭扎包最适宜的季节。“横山鸭扎包”自清朝光绪年间至今已传承一百余年，历经四代人。创始人叶润钊少年时在餐馆当帮工，他学会了师傅腌制腊鸭的方法后，将老板丢弃的鸭杂碎和猪肉腌制后晒干捆扎在一起，蒸熟后分给帮工们尝试，大家赞不绝口。之后，他又反复研制配料，使鸭脚包更加美味。横山鸭脚包已被列入珠海的非物质文化遗产名录。

红烧泥鱼

泥鱼生长在海涂浅滩上，并不是稀罕物。它表皮光滑，身长不足三四寸，灰黑色身体布满小花点，在浅滩上成群跳跃、爬行。但是中医认为泥鱼有很好的滋补功能，且肉质细嫩鲜美。珠海的村民们捕捉泥鱼的方式已经成为一种非特质文化遗产，可见泥鱼受人喜欢的程度。

泥鱼的做法以轻炸后红烧最好吃。先将细小的泥鱼剖开洗净、沥干，入油锅炸，然后加入酒、姜、葱、酱油、糖等调料烧至入味收汁。当然油炸、炖汤也极鲜美。油炸泥鱼香脆酥嫩，而用泥鱼炖汤则成了一味良药。当地村民如果家中有久病初愈、体质虚弱、腰膝酸病、四肢无力的病人，常会买几两泥鱼炖当归、熟地或枸杞、黄芪，日服一次，连服数次，即有显著疗效。过去泥鱼是难上酒楼宴会的，但是现在酒楼名厨也用泥鱼作主料，配上复合豉油皇及配料烹调制作出“豉油焗泥鱼”这样高档菜。

上横黄沙蚬

上横今天已经并入珠海斗门莲洲镇，但依然以“蚬”成名，“上横黄沙蚬”永留青史。莲洲镇附近的西江出海口，水网纵横，淡水与海水交汇，盛产蚬壳黄绿色的上好沙蚬。

每年农历二三月是黄沙蚬最肥美的时节。暖湿的季风吹拂着珠海，黄沙蚬肉质饱满、细腻滑顺，食客如期而至，大小餐馆门前泊满了车子，只为了这一盘蚬。珠海的老食客吃蚬如同北方人嗑瓜子，一颗一颗肥美的黄沙蚬，从盘子里夹到嘴里，好吃得根本停不下来。最后，再用蚬蒸的汁拌上一碗饭，方得蚬的真谛。

黄沙蚬最好的吃法是蒸着吃，原汁原味，保留了蚬的鲜甜。猛火蒸熟后，将捣碎的姜蓉、豆豉过油，洒在微微张开的蚬上，鲜香脆甜。广东食客嘴里所谓的甜是对海鲜最高境界的一种描述，这种甜并不是味觉中的甜味，而是鲜中所带的平和、细致、绵长。

广东传统还用蚬煮粥或滚汤。放几片叶菜，味道清甜鲜美，清凉祛湿，适岭南的潮湿天气。如今，食肆的厨师创新了很多的吃蚬法。譬如爆炒：将蚬配以姜、蒜等佐料，猛火翻炒到蚬张开了口，洒上料酒，甚至辣椒。

和鸭扎包一样，“上横黄沙蚬“也已经被列入珠海的非遗名录。

在柔软的晨曦里，我们相遇
在绚烂的阳光里，我们相知
在阑珊的夜色里，我们相念
珠海，相遇了便难忘，相见了便难舍
珠海，因你而幸福，因你而勇敢，因你而有无限的未来

出　　品：珠海市人民政府新闻办公室
承　　制：五洲传播出版社《城市漫步》全国英文刊
　　　　　《珠海》杂志有限公司

撰　　稿：郑　昀　厉　静　彭晓丰等
摄　　影：郑　昀　陈敢清　厉　静　葛朗西　谷金龙　李建東　李伟年　谢儒侦
罗令浩　陈立新　付　杰　黄章明　汪克宏　邱　戟　林保根　丘祥泉
陈　智　沈松发　黎观威　李学柏　邱子豪　阮耀林　田晓燕　柯　大
许心铭　叶一屏　张　雷　郑志强　李绪鑫　欧　懿　钟　凡　朱开文
林建军　安　东　岳书华　刘晓言　金瑶鸣　雷文军　陈锦辉　许心铭
李晶晶　许芳芸　Ricardo Mota 等（排名不分先后）
部分图片提供单位：珠海市香洲区委宣传部　珠海市斗门区新闻办　《珠海》杂志
珠海市博物馆　珠海市外事局　格力集团　静云山庄　华发集团
云洲智能　银隆新能源　珠海大剧院　香洲埠　中航通飞
羽人农业航空　长隆海洋王国　文华书城　北山音乐节
无用工作室　无界书店　珠海高新区食品药械安全协会等
如有遗漏或错误，敬请谅解并及时通知我社。

五洲传播出版社《城市漫步》全国英文刊《珠海遇见你》编辑部：
杭州体育场路 178 号浙江日报 E 楼 203 室　电话：+86(571)87783285 87783257
《珠海》杂志有限公司：
珠海市香洲区梅华东路 297 号 2 楼珠海杂志社　电话：+86(756)2639615

图书在版编目（CIP）数据

珠海遇见你 / 郑昀编著. -- 北京 : 五洲传播出版社, 2019.5
ISBN 978-7-5085-4152-5
Ⅰ. ①珠… Ⅱ. ①郑… Ⅲ. ①珠海-概况 Ⅳ. ① K926.53
中国版本图书馆 CIP 数据核字 (2019) 第 070583 号

珠海遇见你

出 版 人：荆孝敏
策划编辑：郑 昀
责任编辑：樊程旭
装帧设计：姚 恺
出版发行：五洲传播出版社
地　　址：北京市海淀区北三环中路 31 号生产力大楼 B 座 6 层
邮　　编：100088
发行电话：010-82005927　010-82007837
网　　址：http://www.cicc.org.cn　http://www.thatsbooks.com
印　　刷：浙江新华数码印务有限公司
版　　次：2019 年 5 月第 1 版　2019 年 5 月第 1 次印刷
开　　本：787×1092 1/16
印　　张：19.25
字　　数：130 千字
书　　号：ISBN 978-7-5085-4152-5
定　　价：128.00 元